JANVIER

SEMAINE 1

1 LUNDI *Jour de l'an*	2 MARDI *St Basile*	3 MERCREDI *Ste Geneviève*	4 JEUDI *St Odilon*	5 VENDREDI *St Édouard*
8 h	8 h	8 h	8 h	8 h
9 h	9 h	9 h	9 h	9 h
10 h	10 h	10 h	10 h	10 h
11 h	11 h	11 h	11 h	11 h
12 h	12 h	12 h	12 h	12 h
13 h	13 h	13 h	13 h	13 h
14 h	14 h	14 h	14 h	14 h
15 h	15 h	15 h	15 h	15 h
16 h	16 h	16 h	16 h	16 h
17 h	17 h	17 h	17 h	17 h
18 h	18 h	18 h	18 h	18 h
19 h	19 h	19 h	19 h	19 h
20 h	20 h	20 h	20 h	20 h

6 SAMEDI
Épiphanie
Ste Mélaine

7 DIMANCHE
St Raymond

Notes

Monpazier, *la place des Cornières, Dordogne, région Nouvelle-Aquitaine.*

VILLAGES DE FRANCE 2024

Pernand-Vergelesses, *Côte-d'Or, région Bourgogne-Franche-Comté.*

JANVIER

8 LUNDI *St Lucien*	9 MARDI *Ste Alix*	10 MERCREDI *St Guillaume*	11 JEUDI *St Paulin*	12 VENDREDI *Ste Tatiana*	13 SAMEDI *Ste Yvette*
8 h	8 h	8 h	8 h	8 h	
9 h	9 h	9 h	9 h	9 h	
10 h	10 h	10 h	10 h	10 h	
11 h	11 h	11 h	11 h	11 h	
12 h	12 h	12 h	12 h	12 h	
13 h	13 h	13 h	13 h	13 h	
					14 DIMANCHE *Ste Nina*
14 h	14 h	14 h	14 h	14 h	
15 h	15 h	15 h	15 h	15 h	
16 h	16 h	16 h	16 h	16 h	
17 h	17 h	17 h	17 h	17 h	
18 h	18 h	18 h	18 h	18 h	
19 h	19 h	19 h	19 h	19 h	
20 h	20 h	20 h	20 h	20 h	

Notes

Semur-en-Auxois, *Côte-d'Or, région Bourgogne-Franche-Comté.*

JANVIER

SEMAINE 3

15 LUNDI *St Rémi*	16 MARDI *St Marcel*	17 MERCREDI *Ste Roseline*	18 JEUDI *Ste Prisca*	19 VENDREDI *St Marius*	20 SAMEDI *St Sébastien*
8 h	8 h	8 h	8 h	8 h	
9 h	9 h	9 h	9 h	9 h	
10 h	10 h	10 h	10 h	10 h	
11 h	11 h	11 h	11 h	11 h	
12 h	12 h	12 h	12 h	12 h	
13 h	13 h	13 h	13 h	13 h	
					21 DIMANCHE *Ste Agnès*
14 h	14 h	14 h	14 h	14 h	
15 h	15 h	15 h	15 h	15 h	
16 h	16 h	16 h	16 h	16 h	
17 h	17 h	17 h	17 h	17 h	
18 h	18 h	18 h	18 h	18 h	
19 h	19 h	19 h	19 h	19 h	
20 h	20 h	20 h	20 h	20 h	

Notes

Vaison-la-Romaine, *Vaucluse, région Provence-Alpes-Côte d'Azur.*

JANVIER

22 LUNDI
St Vincent

8 h
9 h
10 h
11 h
12 h
13 h
14 h
15 h
16 h
17 h
18 h
19 h
20 h

23 MARDI
St Barnard

8 h
9 h
10 h
11 h
12 h
13 h
14 h
15 h
16 h
17 h
18 h
19 h
20 h

24 MERCREDI
St François de Sales

8 h
9 h
10 h
11 h
12 h
13 h
14 h
15 h
16 h
17 h
18 h
19 h
20 h

25 JEUDI
Conversion de St Paul

8 h
9 h
10 h
11 h
12 h
13 h
14 h
15 h
16 h
17 h
18 h
19 h
20 h

26 VENDREDI
Ste Paule, Ste Pauline

8 h
9 h
10 h
11 h
12 h
13 h
14 h
15 h
16 h
17 h
18 h
19 h
20 h

27 SAMEDI
Ste Angèle

28 DIMANCHE
St Thomas d'Aquin

Notes

Èze, *le village et sa cathédrale, Alpes-Maritimes, région Provence-Alpes-Côte d'Azur.*

JANVIER-FEVRIER

29 LUNDI *St Gildas*	30 MARDI *Ste Martine*	31 MERCREDI *Ste Marcelle*	1 JEUDI *Ste Ella*	2 VENDREDI *Prés. du Seigneur Jour de la marmotte*
8 h	8 h	8 h	8 h	8 h
9 h	9 h	9 h	9 h	9 h
10 h	10 h	10 h	10 h	10 h
11 h	11 h	11 h	11 h	11 h
12 h	12 h	12 h	12 h	12 h
13 h	13 h	13 h	13 h	13 h
14 h	14 h	14 h	14 h	14 h
15 h	15 h	15 h	15 h	15 h
16 h	16 h	16 h	16 h	16 h
17 h	17 h	17 h	17 h	17 h
18 h	18 h	18 h	18 h	18 h
19 h	19 h	19 h	19 h	19 h
20 h	20 h	20 h	20 h	20 h

3 SAMEDI *St Blaise*

4 DIMANCHE *Ste Véronique*

Notes

Turenne, *vue aérienne du village de Turenne, Corrèze, région Nouvelle-Aquitaine.*

FÉVRIER

5 LUNDI *Ste Agathe*	6 MARDI *St Gaston*	7 MERCREDI *Ste Eugénie*	8 JEUDI *Ste Jacqueline*	9 VENDREDI *Ste Apolline*	10 SAMEDI *St Arnaud*
8 h	8 h	8 h	8 h	8 h	
9 h	9 h	9 h	9 h	9 h	
10 h	10 h	10 h	10 h	10 h	
11 h	11 h	11 h	11 h	11 h	
12 h	12 h	12 h	12 h	12 h	
13 h	13 h	13 h	13 h	13 h	
					11 DIMANCHE *Notre-Dame de Lourdes*
14 h	14 h	14 h	14 h	14 h	
15 h	15 h	15 h	15 h	15 h	
16 h	16 h	16 h	16 h	16 h	
17 h	17 h	17 h	17 h	17 h	
18 h	18 h	18 h	18 h	18 h	
19 h	19 h	19 h	19 h	19 h	
20 h	20 h	20 h	20 h	20 h	

Notes

Autoire, *le village à l'automne, Lot, région Occitanie, l'un des plus beaux villages de France.*

FÉVRIER

12 LUNDI *St Félix*	13 MARDI *Ste Béatrice* *Mardi gras*	14 MERCREDI *St Valentin*	15 JEUDI *St Claude*	16 VENDREDI *Ste Julienne*
8 h	8 h	8 h	8 h	8 h
9 h	9 h	9 h	9 h	9 h
10 h	10 h	10 h	10 h	10 h
11 h	11 h	11 h	11 h	11 h
12 h	12 h	12 h	12 h	12 h
13 h	13 h	13 h	13 h	13 h
14 h	14 h	14 h	14 h	14 h
15 h	15 h	15 h	15 h	15 h
16 h	16 h	16 h	16 h	16 h
17 h	17 h	17 h	17 h	17 h
18 h	18 h	18 h	18 h	18 h
19 h	19 h	19 h	19 h	19 h
20 h	20 h	20 h	20 h	20 h

17 SAMEDI
St Alexis

18 DIMANCHE
Ste Bernadette

Notes

Collonges-la-Rouge, *Corrèze, région Nouvelle-Aquitaine.*

FÉVRIER

19 LUNDI *St Gabin*	20 MARDI *Ste Aimée*	21 MERCREDI *St Pierre-Damien*	22 JEUDI *Ste Isabelle*	23 VENDREDI *St Lazare*	24 SAMEDI *St Modeste*
8 h	8 h	8 h	8 h	8 h	
9 h	9 h	9 h	9 h	9 h	
10 h	10 h	10 h	10 h	10 h	
11 h	11 h	11 h	11 h	11 h	
12 h	12 h	12 h	12 h	12 h	
13 h	13 h	13 h	13 h	13 h	
					25 DIMANCHE *St Roméo*
14 h	14 h	14 h	14 h	14 h	
15 h	15 h	15 h	15 h	15 h	
16 h	16 h	16 h	16 h	16 h	
17 h	17 h	17 h	17 h	17 h	
18 h	18 h	18 h	18 h	18 h	
19 h	19 h	19 h	19 h	19 h	
20 h	20 h	20 h	20 h	20 h	

Notes

Le château d'Amboise, *au crépuscule, Indre-et-Loire, région Centre-Val de Loire.*

FÉVRIER-MARS

26 LUNDI
St Nestor

8 h
9 h
10 h
11 h
12 h
13 h
14 h
15 h
16 h
17 h
18 h
19 h
20 h

27 MARDI
Ste Honorine

8 h
9 h
10 h
11 h
12 h
13 h
14 h
15 h
16 h
17 h
18 h
19 h
20 h

28 MERCREDI
St Romain

8 h
9 h
10 h
11 h
12 h
13 h
14 h
15 h
16 h
17 h
18 h
19 h
20 h

29 JEUDI
St Auguste

8 h
9 h
10 h
11 h
12 h
13 h
14 h
15 h
16 h
17 h
18 h
19 h
20 h

1 VENDREDI
St Aubin

8 h
9 h
10 h
11 h
12 h
13 h
14 h
15 h
16 h
17 h
18 h
19 h
20 h

2 SAMEDI
St Charles le Bon

3 DIMANCHE
St Guénolé

Notes

Saint-Émilion, *village d'Aquitaine, Gironde, région Nouvelle-Aquitaine.*

MARS

4 LUNDI *St Casimir*	5 MARDI *Ste Olive*	6 MERCREDI *Ste Colette*	7 JEUDI *Ste Félicité*	8 VENDREDI *St Jean de Dieu*
8 h	8 h	8 h	8 h	8 h
9 h	9 h	9 h	9 h	9 h
10 h	10 h	10 h	10 h	10 h
11 h	11 h	11 h	11 h	11 h
12 h	12 h	12 h	12 h	12 h
13 h	13 h	13 h	13 h	13 h
14 h	14 h	14 h	14 h	14 h
15 h	15 h	15 h	15 h	15 h
16 h	16 h	16 h	16 h	16 h
17 h	17 h	17 h	17 h	17 h
18 h	18 h	18 h	18 h	18 h
19 h	19 h	19 h	19 h	19 h
20 h	20 h	20 h	20 h	20 h

9 SAMEDI
Ste Françoise

10 DIMANCHE
St Vivien

Notes

La Roque-sur-Cèze, *village médiéval en été, Gard, région Occitanie.*

11 LUNDI *Ste Rosine*	12 MARDI *Ste Justine*	13 MERCREDI *St Rodrigue*	14 JEUDI *Ste Mathilde*	15 VENDREDI *Ste Louise*	16 SAMEDI *Ste Bénédicte*
8 h	8 h	8 h	8 h	8 h	
9 h	9 h	9 h	9 h	9 h	
10 h	10 h	10 h	10 h	10 h	
11 h	11 h	11 h	11 h	11 h	
12 h	12 h	12 h	12 h	12 h	
13 h	13 h	13 h	13 h	13 h	
					17 DIMANCHE *St Patrick*
14 h	14 h	14 h	14 h	14 h	
15 h	15 h	15 h	15 h	15 h	
16 h	16 h	16 h	16 h	16 h	
17 h	17 h	17 h	17 h	17 h	
18 h	18 h	18 h	18 h	18 h	
19 h	19 h	19 h	19 h	19 h	
20 h	20 h	20 h	20 h	20 h	

Notes

Roussillon, *village du Vaucluse, région Provence-Alpes-Côte d'Azur.*

18 LUNDI
St Cyrille

8 h
9 h
10 h
11 h
12 h
13 h
14 h
15 h
16 h
17 h
18 h
19 h
20 h

19 MARDI
St Joseph

8 h
9 h
10 h
11 h
12 h
13 h
14 h
15 h
16 h
17 h
18 h
19 h
20 h

20 MERCREDI
Printemps
St Herbert

8 h
9 h
10 h
11 h
12 h
13 h
14 h
15 h
16 h
17 h
18 h
19 h
20 h

21 JEUDI
Ste Clémence

8 h
9 h
10 h
11 h
12 h
13 h
14 h
15 h
16 h
17 h
18 h
19 h
20 h

22 VENDREDI
Ste Léa

8 h
9 h
10 h
11 h
12 h
13 h
14 h
15 h
16 h
17 h
18 h
19 h
20 h

23 SAMEDI
St Victorien

24 DIMANCHE
Ste Catherine de Suède

Notes

Lourmarin, *son château Renaissance datant du XVe siècle, Vaucluse, région Provence-Alpes-Côte d'Azur.*

MARS

25 LUNDI *St Humbert*	26 MARDI *Ste Larissa*	27 MERCREDI *St Habib*	28 JEUDI *St Gontran*	29 VENDREDI *Ste Gladys*	30 SAMEDI *St Amédée*
8 h	8 h	8 h	8 h	8 h	
9 h	9 h	9 h	9 h	9 h	
10 h	10 h	10 h	10 h	10 h	
11 h	11 h	11 h	11 h	11 h	
12 h	12 h	12 h	12 h	12 h	
13 h	13 h	13 h	13 h	13 h	
					31 DIMANCHE *Pâques* *St Benjamin*
14 h	14 h	14 h	14 h	14 h	
15 h	15 h	15 h	15 h	15 h	
16 h	16 h	16 h	16 h	16 h	
17 h	17 h	17 h	17 h	17 h	
18 h	18 h	18 h	18 h	18 h	
19 h	19 h	19 h	19 h	19 h	
20 h	20 h	20 h	20 h	20 h	

Notes

Les Baux-de-Provence, *le château, région Provence-Alpes-Côte d'Azur.*

AVRIL

1 LUNDI *Lundi de Pâques* *St Hugues*	2 MARDI *Ste Sandrine*	3 MERCREDI *St Richard*	4 JEUDI *St Isidore*	5 VENDREDI *Ste Irène*	6 SAMEDI *St Marcellin*
8 h	8 h	8 h	8 h	8 h	
9 h	9 h	9 h	9 h	9 h	
10 h	10 h	10 h	10 h	10 h	
11 h	11 h	11 h	11 h	11 h	
12 h	12 h	12 h	12 h	12 h	
13 h	13 h	13 h	13 h	13 h	
					7 DIMANCHE *St Jean-Baptiste de La Salle*
14 h	14 h	14 h	14 h	14 h	
15 h	15 h	15 h	15 h	15 h	
16 h	16 h	16 h	16 h	16 h	
17 h	17 h	17 h	17 h	17 h	
18 h	18 h	18 h	18 h	18 h	
19 h	19 h	19 h	19 h	19 h	
20 h	20 h	20 h	20 h	20 h	

Notes

Monastère de Saint-Paul de Mausole, *et son champ de lavande, Saint-Rémy-de-Provence, Bouches-du-Rhône, région Provence Alpes-Côte d'Azur.*

8 LUNDI
Ste Julie

8 h
9 h
10 h
11 h
12 h
13 h
14 h
15 h
16 h
17 h
18 h
19 h
20 h

9 MARDI
St Gauthier

8 h
9 h
10 h
11 h
12 h
13 h
14 h
15 h
16 h
17 h
18 h
19 h
20 h

10 MERCREDI
St Fulbert

8 h
9 h
10 h
11 h
12 h
13 h
14 h
15 h
16 h
17 h
18 h
19 h
20 h

11 JEUDI
St Stanislas

8 h
9 h
10 h
11 h
12 h
13 h
14 h
15 h
16 h
17 h
18 h
19 h
20 h

12 VENDREDI
St Jules

8 h
9 h
10 h
11 h
12 h
13 h
14 h
15 h
16 h
17 h
18 h
19 h
20 h

13 SAMEDI
Ste Ida

14 DIMANCHE
St Maxime

Notes

Gourdon, *village fortifié, nid d'aigle accroché au sommet d'une falaise, Alpes-Maritimes, région Provence-Alpes-Côte d'Azur.*

15 LUNDI
St Paterne

8 h

9 h

10 h

11 h

12 h

13 h

14 h

15 h

16 h

17 h

18 h

19 h

20 h

16 MARDI
St Benoît-Joseph

8 h

9 h

10 h

11 h

12 h

13 h

14 h

15 h

16 h

17 h

18 h

19 h

20 h

17 MERCREDI
St Anicet

8 h

9 h

10 h

11 h

12 h

13 h

14 h

15 h

16 h

17 h

18 h

19 h

20 h

18 JEUDI
St Parfait

8 h

9 h

10 h

11 h

12 h

13 h

14 h

15 h

16 h

17 h

18 h

19 h

20 h

19 VENDREDI
Ste Emma

8 h

9 h

10 h

11 h

12 h

13 h

14 h

15 h

16 h

17 h

18 h

19 h

20 h

20 SAMEDI
Ste Odette

21 DIMANCHE
St Anselme

Notes

Gordes, *Vaucluse, région Provence-Alpes-Côte d'Azur.*

AVRIL

22 LUNDI *St Alexandre*	23 MARDI *St Georges*	24 MERCREDI *St Fidèle*	25 JEUDI *St Marc*	26 VENDREDI *Ste Alida*
8 h	8 h	8 h	8 h	8 h
9 h	9 h	9 h	9 h	9 h
10 h	10 h	10 h	10 h	10 h
11 h	11 h	11 h	11 h	11 h
12 h	12 h	12 h	12 h	12 h
13 h	13 h	13 h	13 h	13 h
14 h	14 h	14 h	14 h	14 h
15 h	15 h	15 h	15 h	15 h
16 h	16 h	16 h	16 h	16 h
17 h	17 h	17 h	17 h	17 h
18 h	18 h	18 h	18 h	18 h
19 h	19 h	19 h	19 h	19 h
20 h	20 h	20 h	20 h	20 h

27 SAMEDI *Ste Zita*

28 DIMANCHE *Ste Valérie*

Notes

Rogliano, *village de Haute-Corse, collectivité de Corse.*

AVRIL-MAI

29 LUNDI
Ste Catherine de Sienne

8 h
9 h
10 h
11 h
12 h
13 h
14 h
15 h
16 h
17 h
18 h
19 h
20 h

30 MARDI
St Robert

8 h
9 h
10 h
11 h
12 h
13 h
14 h
15 h
16 h
17 h
18 h
19 h
20 h

1 MERCREDI
Fête du travail
St Jérémy

8 h
9 h
10 h
11 h
12 h
13 h
14 h
15 h
16 h
17 h
18 h
19 h
20 h

2 JEUDI
St Boris

8 h
9 h
10 h
11 h
12 h
13 h
14 h
15 h
16 h
17 h
18 h
19 h
20 h

3 VENDREDI
St Philippe

8 h
9 h
10 h
11 h
12 h
13 h
14 h
15 h
16 h
17 h
18 h
19 h
20 h

4 SAMEDI
St Sylvain

5 DIMANCHE
Ste Judith

Notes

Nonza, *village et église Saint-Julie, Haute-Corse, collectivité de Corse.*

MAI

6 LUNDI *Ste Prudence*	7 MARDI *Ste Gisèle* *Fête des mères (Québec)*	8 MERCREDI *Victoire 1945* *St Désiré*	9 JEUDI *Ascension* *St Pacôme*	10 VENDREDI *Ste Solange*	11 SAMEDI *Ste Estelle*
8 h	8 h	8 h	8 h	8 h	
9 h	9 h	9 h	9 h	9 h	
10 h	10 h	10 h	10 h	10 h	
11 h	11 h	11 h	11 h	11 h	
12 h	12 h	12 h	12 h	12 h	
13 h	13 h	13 h	13 h	13 h	
					12 DIMANCHE *St Achille*
14 h	14 h	14 h	14 h	14 h	
15 h	15 h	15 h	15 h	15 h	
16 h	16 h	16 h	16 h	16 h	
17 h	17 h	17 h	17 h	17 h	
18 h	18 h	18 h	18 h	18 h	
19 h	19 h	19 h	19 h	19 h	
20 h	20 h	20 h	20 h	20 h	

Notes

Porticciolo, *petit village porturaire du Cap Corse, Haute-Corse, collectivité de Corse.*

MAI

13 LUNDI
Ste Rolande

8 h
9 h
10 h
11 h
12 h
13 h
14 h
15 h
16 h
17 h
18 h
19 h
20 h

14 MARDI
St Matthias

8 h
9 h
10 h
11 h
12 h
13 h
14 h
15 h
16 h
17 h
18 h
19 h
20 h

15 MERCREDI
Ste Denise

8 h
9 h
10 h
11 h
12 h
13 h
14 h
15 h
16 h
17 h
18 h
19 h
20 h

16 JEUDI
St Honoré

8 h
9 h
10 h
11 h
12 h
13 h
14 h
15 h
16 h
17 h
18 h
19 h
20 h

17 VENDREDI
St Pascal

8 h
9 h
10 h
11 h
12 h
13 h
14 h
15 h
16 h
17 h
18 h
19 h
20 h

18 SAMEDI
St Éric

19 DIMANCHE
Pentecôte
St Yves

Notes

Village de Belvès, *Dordogne, région Nouvelle-Aquitaine.*

MAI

20 LUNDI
Lundi de Pentecôte
St Bernardin

8 h
9 h
10 h
11 h
12 h
13 h
14 h
15 h
16 h
17 h
18 h
19 h
20 h

21 MARDI
St Constantin

8 h
9 h
10 h
11 h
12 h
13 h
14 h
15 h
16 h
17 h
18 h
19 h
20 h

22 MERCREDI
St Émile

8 h
9 h
10 h
11 h
12 h
13 h
14 h
15 h
16 h
17 h
18 h
19 h
20 h

23 JEUDI
St Didier

8 h
9 h
10 h
11 h
12 h
13 h
14 h
15 h
16 h
17 h
18 h
19 h
20 h

24 VENDREDI
St Donatien
J. des patriotes (Québec)

8 h
9 h
10 h
11 h
12 h
13 h
14 h
15 h
16 h
17 h
18 h
19 h
20 h

25 SAMEDI
Ste Sophie

26 DIMANCHE
Fête des mères
St Bérenger

Notes

Collioure, *Pyrénées-Orientales, région Occitanie.*

MAI-JUIN

27 LUNDI *St Hildebert*	28 MARDI *St Germain*	29 MERCREDI *St Aymard*	30 JEUDI *St Ferdinand*	31 VENDREDI *Visitation*	1 SAMEDI *St Justin*
8 h	8 h	8 h	8 h	8 h	
9 h	9 h	9 h	9 h	9 h	
10 h	10 h	10 h	10 h	10 h	
11 h	11 h	11 h	11 h	11 h	
12 h	12 h	12 h	12 h	12 h	
13 h	13 h	13 h	13 h	13 h	
					2 DIMANCHE *Ste Blandine, Fête des pères (Québec)*
14 h	14 h	14 h	14 h	14 h	
15 h	15 h	15 h	15 h	15 h	
16 h	16 h	16 h	16 h	16 h	
17 h	17 h	17 h	17 h	17 h	
18 h	18 h	18 h	18 h	18 h	
19 h	19 h	19 h	19 h	19 h	
20 h	20 h	20 h	20 h	20 h	

Notes

Le port de **Saint-Jean-de-Luz** *et ses traditionnelles maisons basques colorées, Pyrénées-Atlantiques, région Nouvelle-Aquitaine.*

JUIN

SEMAINE 23

3 LUNDI *St Kevin*	4 MARDI *Ste Clotilde*	5 MERCREDI *St Igor*	6 JEUDI *St Norbert*	7 VENDREDI *St Gilbert*	8 SAMEDI *St Médard*
8 h	8 h	8 h	8 h	8 h	
9 h	9 h	9 h	9 h	9 h	
10 h	10 h	10 h	10 h	10 h	
11 h	11 h	11 h	11 h	11 h	
12 h	12 h	12 h	12 h	12 h	
13 h	13 h	13 h	13 h	13 h	
					9 DIMANCHE *Ste Diane*
14 h	14 h	14 h	14 h	14 h	
15 h	15 h	15 h	15 h	15 h	
16 h	16 h	16 h	16 h	16 h	
17 h	17 h	17 h	17 h	17 h	
18 h	18 h	18 h	18 h	18 h	
19 h	19 h	19 h	19 h	19 h	
20 h	20 h	20 h	20 h	20 h	

Notes

Le village d'Urepel, *Pyrénées-Atlantiques, vallée des Aldudes, Pyrénées-Atlantiques, région Nouvelle-Aquitaine.*

10 LUNDI
St Landry

8 h
9 h
10 h
11 h
12 h
13 h
14 h
15 h
16 h
17 h
18 h
19 h
20 h

11 MARDI
St Barnabé

8 h
9 h
10 h
11 h
12 h
13 h
14 h
15 h
16 h
17 h
18 h
19 h
20 h

12 MERCREDI
St Guy

8 h
9 h
10 h
11 h
12 h
13 h
14 h
15 h
16 h
17 h
18 h
19 h
20 h

13 JEUDI
St Antoine de Padoue

8 h
9 h
10 h
11 h
12 h
13 h
14 h
15 h
16 h
17 h
18 h
19 h
20 h

14 VENDREDI
St Élisée

8 h
9 h
10 h
11 h
12 h
13 h
14 h
15 h
16 h
17 h
18 h
19 h
20 h

15 SAMEDI
Ste Germaine

16 DIMANCHE
Fête des pères
St Jean-François Régis

Notes

Château-Chalon *sous la neige, village et vignobles à flanc de côteaux dans l'un des plus beaux villages de France, Jura, région Bourgogne-Franche-Comté.*

17 LUNDI *St Hervé*	18 MARDI *St Léonce*	19 MERCREDI *St Romuald*	20 JEUDI *Été* *St Silvère*	21 VENDREDI *St Rodolphe*
8 h	8 h	8 h	8 h	8 h
9 h	9 h	9 h	9 h	9 h
10 h	10 h	10 h	10 h	10 h
11 h	11 h	11 h	11 h	11 h
12 h	12 h	12 h	12 h	12 h
13 h	13 h	13 h	13 h	13 h
14 h	14 h	14 h	14 h	14 h
15 h	15 h	15 h	15 h	15 h
16 h	16 h	16 h	16 h	16 h
17 h	17 h	17 h	17 h	17 h
18 h	18 h	18 h	18 h	18 h
19 h	19 h	19 h	19 h	19 h
20 h	20 h	20 h	20 h	20 h

22 SAMEDI
St Alban

23 DIMANCHE
Ste Audrey

Notes

Gerberoy, *Oise, région Picardie.*

JUIN

24 LUNDI
Fête nat. Québec
St Jean-Baptiste

8 h
9 h
10 h
11 h
12 h
13 h
14 h
15 h
16 h
17 h
18 h
19 h
20 h

25 MARDI
St Prosper

8 h
9 h
10 h
11 h
12 h
13 h
14 h
15 h
16 h
17 h
18 h
19 h
20 h

26 MERCREDI
St Anthelme

8 h
9 h
10 h
11 h
12 h
13 h
14 h
15 h
16 h
17 h
18 h
19 h
20 h

27 JEUDI
St Fernand

8 h
9 h
10 h
11 h
12 h
13 h
14 h
15 h
16 h
17 h
18 h
19 h
20 h

28 VENDREDI
St Irénée

8 h
9 h
10 h
11 h
12 h
13 h
14 h
15 h
16 h
17 h
18 h
19 h
20 h

29 SAMEDI
St Pierre, St Paul

30 DIMANCHE
St Martial

Notes

Saint-Cirq-Lapopie, *village perché sur une falaise donnant sur le Lot, parc régional des Causses du Quercy, près de Cahors. Lot, région Occitanie.*

JUILLET

1 LUNDI *Fête nat. Canada* *St Thierry*	2 MARDI *St Martinien*	3 MERCREDI *St Thomas*	4 JEUDI *St Florent*	5 VENDREDI *St Antoine*
8 h	8 h	8 h	8 h	8 h
9 h	9 h	9 h	9 h	9 h
10 h	10 h	10 h	10 h	10 h
11 h	11 h	11 h	11 h	11 h
12 h	12 h	12 h	12 h	12 h
13 h	13 h	13 h	13 h	13 h
14 h	14 h	14 h	14 h	14 h
15 h	15 h	15 h	15 h	15 h
16 h	16 h	16 h	16 h	16 h
17 h	17 h	17 h	17 h	17 h
18 h	18 h	18 h	18 h	18 h
19 h	19 h	19 h	19 h	19 h
20 h	20 h	20 h	20 h	20 h

6 SAMEDI
Ste Mariette

7 DIMANCHE
St Raoul

Notes

Le Mont-Saint-Michel, *Manche, région Normandie.*

JUILLET

8 LUNDI *St Thibault*	9 MARDI *Ste Amandine*	10 MERCREDI *St Ulrich*	11 JEUDI *Ste Olga, St Benoît*	12 VENDREDI *St Olivier*
8 h	8 h	8 h	8 h	8 h
9 h	9 h	9 h	9 h	9 h
10 h	10 h	10 h	10 h	10 h
11 h	11 h	11 h	11 h	11 h
12 h	12 h	12 h	12 h	12 h
13 h	13 h	13 h	13 h	13 h
14 h	14 h	14 h	14 h	14 h
15 h	15 h	15 h	15 h	15 h
16 h	16 h	16 h	16 h	16 h
17 h	17 h	17 h	17 h	17 h
18 h	18 h	18 h	18 h	18 h
19 h	19 h	19 h	19 h	19 h
20 h	20 h	20 h	20 h	20 h

13 SAMEDI
St Henri, St Joël

14 DIMANCHE
Fête nationale
St Camille

Notes

Seillans, *église Notre-Dame de l'Ormeau, Var, région Provence-Alpes-Côte-d'Azur.*

JUILLET

15 LUNDI
St Donald

8 h
9 h
10 h
11 h
12 h
13 h
14 h
15 h
16 h
17 h
18 h
19 h
20 h

16 MARDI
Notre-Dame du Mont Carmel

8 h
9 h
10 h
11 h
12 h
13 h
14 h
15 h
16 h
17 h
18 h
19 h
20 h

17 MERCREDI
Ste Charlotte

8 h
9 h
10 h
11 h
12 h
13 h
14 h
15 h
16 h
17 h
18 h
19 h
20 h

18 JEUDI
St Frédéric

8 h
9 h
10 h
11 h
12 h
13 h
14 h
15 h
16 h
17 h
18 h
19 h
20 h

19 VENDREDI
St Arsène

8 h
9 h
10 h
11 h
12 h
13 h
14 h
15 h
16 h
17 h
18 h
19 h
20 h

20 SAMEDI
Ste Marina

21 DIMANCHE
Fête nat. Belgique
St Daniel, St Victor

Notes

Barfleur, *port de pêche et de villégiature, l'église Saint-Nicolas, Manche, région Normandie.*

JUILLET

22 LUNDI
Ste Marie-Madeleine

8 h
9 h
10 h
11 h
12 h
13 h
14 h
15 h
16 h
17 h
18 h
19 h
20 h

23 MARDI
Ste Brigitte

8 h
9 h
10 h
11 h
12 h
13 h
14 h
15 h
16 h
17 h
18 h
19 h
20 h

24 MERCREDI
Ste Christine
Ste Ségolène

8 h
9 h
10 h
11 h
12 h
13 h
14 h
15 h
16 h
17 h
18 h
19 h
20 h

25 JEUDI
St Jacques

8 h
9 h
10 h
11 h
12 h
13 h
14 h
15 h
16 h
17 h
18 h
19 h
20 h

26 VENDREDI
Ste Anne, St Joachim

8 h
9 h
10 h
11 h
12 h
13 h
14 h
15 h
16 h
17 h
18 h
19 h
20 h

27 SAMEDI
Ste Nathalie

28 DIMANCHE
St Samson

Notes

Moustiers-Sainte-Marie, *Alpes-de-Haute-Provence, région Provence-Alpes-Côte d'Azur.*

JUILLET-AOÛT

29 LUNDI
Ste Marthe

8 h
9 h
10 h
11 h
12 h
13 h
14 h
15 h
16 h
17 h
18 h
19 h
20 h

30 MARDI
Ste Juliette

8 h
9 h
10 h
11 h
12 h
13 h
14 h
15 h
16 h
17 h
18 h
19 h
20 h

31 MERCREDI
St Ignace de Loyola

8 h
9 h
10 h
11 h
12 h
13 h
14 h
15 h
16 h
17 h
18 h
19 h
20 h

1 JEUDI
Fête nat. Suisse
St Alphonse

8 h
9 h
10 h
11 h
12 h
13 h
14 h
15 h
16 h
17 h
18 h
19 h
20 h

2 VENDREDI
St Julien

8 h
9 h
10 h
11 h
12 h
13 h
14 h
15 h
16 h
17 h
18 h
19 h
20 h

3 SAMEDI
Ste Lydie

4 DIMANCHE
St Jean-Marie Vianney

Notes

Mosset, *Pyrénées-Orientales, région Occitanie.*

AOÛT

5 LUNDI *St Abel*	6 MARDI *St Octavien*	7 MERCREDI *St Gaétan*	8 JEUDI *St Dominique*	9 VENDREDI *St Amour*
8 h	8 h	8 h	8 h	8 h
9 h	9 h	9 h	9 h	9 h
10 h	10 h	10 h	10 h	10 h
11 h	11 h	11 h	11 h	11 h
12 h	12 h	12 h	12 h	12 h
13 h	13 h	13 h	13 h	13 h
14 h	14 h	14 h	14 h	14 h
15 h	15 h	15 h	15 h	15 h
16 h	16 h	16 h	16 h	16 h
17 h	17 h	17 h	17 h	17 h
18 h	18 h	18 h	18 h	18 h
19 h	19 h	19 h	19 h	19 h
20 h	20 h	20 h	20 h	20 h

10 SAMEDI
St Laurent

11 DIMANCHE
Ste Claire

Notes

Salers, *Cantal, région Auvergne-Rhône-Alpes.*

AOÛT

12 LUNDI *Ste Clarisse*	13 MARDI *St Hippolyte*	14 MERCREDI *St Évrard*	15 JEUDI *Assomption Ste Marie*	16 VENDREDI *St Armel, St Roch*	17 SAMEDI *Ste Jeanne*
8 h	8 h	8 h	8 h	8 h	
9 h	9 h	9 h	9 h	9 h	
10 h	10 h	10 h	10 h	10 h	
11 h	11 h	11 h	11 h	11 h	
12 h	12 h	12 h	12 h	12 h	
13 h	13 h	13 h	13 h	13 h	
					18 DIMANCHE *Ste Hélène*
14 h	14 h	14 h	14 h	14 h	
15 h	15 h	15 h	15 h	15 h	
16 h	16 h	16 h	16 h	16 h	
17 h	17 h	17 h	17 h	17 h	
18 h	18 h	18 h	18 h	18 h	
19 h	19 h	19 h	19 h	19 h	
20 h	20 h	20 h	20 h	20 h	

Notes

Villages et forêts autour de **Chamonix***, au pied du Mont Blanc, le plus haut sommet des Alpes, Haute-Savoie, région Rhône-Alpes.*

AOÛT

19 LUNDI
St Jean Eudes

8 h
9 h
10 h
11 h
12 h
13 h
14 h
15 h
16 h
17 h
18 h
19 h
20 h

20 MARDI
St Bernard

8 h
9 h
10 h
11 h
12 h
13 h
14 h
15 h
16 h
17 h
18 h
19 h
20 h

21 MERCREDI
St Christophe

8 h
9 h
10 h
11 h
12 h
13 h
14 h
15 h
16 h
17 h
18 h
19 h
20 h

22 JEUDI
St Fabrice

8 h
9 h
10 h
11 h
12 h
13 h
14 h
15 h
16 h
17 h
18 h
19 h
20 h

23 VENDREDI
Ste Rose

8 h
9 h
10 h
11 h
12 h
13 h
14 h
15 h
16 h
17 h
18 h
19 h
20 h

24 SAMEDI
St Barthélemy

25 DIMANCHE
St Louis

Notes

Belcastel, *Aveyron, région Occitanie.*

AOÛT-SEPTEMBRE

26 LUNDI *Ste Natacha*	27 MARDI *Ste Monique*	28 MERCREDI *St Augustin*	29 JEUDI *Ste Sabine*	30 VENDREDI *St Fiacre*
8 h	8 h	8 h	8 h	8 h
9 h	9 h	9 h	9 h	9 h
10 h	10 h	10 h	10 h	10 h
11 h	11 h	11 h	11 h	11 h
12 h	12 h	12 h	12 h	12 h
13 h	13 h	13 h	13 h	13 h
14 h	14 h	14 h	14 h	14 h
15 h	15 h	15 h	15 h	15 h
16 h	16 h	16 h	16 h	16 h
17 h	17 h	17 h	17 h	17 h
18 h	18 h	18 h	18 h	18 h
19 h	19 h	19 h	19 h	19 h
20 h	20 h	20 h	20 h	20 h

31 SAMEDI
St Aristide

1 DIMANCHE
St Gilles

Notes

Locronan, *Finistère, région Bretagne.*

SEPTEMBRE

2 LUNDI *Ste Ingrid*	3 MARDI *St Grégoire*	4 MERCREDI *Ste Rosalie*	5 JEUDI *Ste Raïssa*	6 VENDREDI *St Bertrand*
8 h	8 h	8 h	8 h	8 h
9 h	9 h	9 h	9 h	9 h
10 h	10 h	10 h	10 h	10 h
11 h	11 h	11 h	11 h	11 h
12 h	12 h	12 h	12 h	12 h
13 h	13 h	13 h	13 h	13 h
14 h	14 h	14 h	14 h	14 h
15 h	15 h	15 h	15 h	15 h
16 h	16 h	16 h	16 h	16 h
17 h	17 h	17 h	17 h	17 h
18 h	18 h	18 h	18 h	18 h
19 h	19 h	19 h	19 h	19 h
20 h	20 h	20 h	20 h	20 h

7 SAMEDI
Ste Reine, Fête du travail (Québec)

8 DIMANCHE
St Adrien

Notes

Erbalunga, *Brando, Haute-Corse, collectivité de Corse.*

SEPTEMBRE

SEMAINE 37

9 LUNDI *St Alain*	10 MARDI *Ste Inès*	11 MERCREDI *St Adelphe*	12 JEUDI *St Apollinaire*	13 VENDREDI *St Aimé*
8 h	8 h	8 h	8 h	8 h
9 h	9 h	9 h	9 h	9 h
10 h	10 h	10 h	10 h	10 h
11 h	11 h	11 h	11 h	11 h
12 h	12 h	12 h	12 h	12 h
13 h	13 h	13 h	13 h	13 h
14 h	14 h	14 h	14 h	14 h
15 h	15 h	15 h	15 h	15 h
16 h	16 h	16 h	16 h	16 h
17 h	17 h	17 h	17 h	17 h
18 h	18 h	18 h	18 h	18 h
19 h	19 h	19 h	19 h	19 h
20 h	20 h	20 h	20 h	20 h

14 SAMEDI
Croix glorieuse

15 DIMANCHE
St Roland

Notes

Le Poët-Laval, *Drôme, région Auvergne-Rhône-Alpes.*

16 LUNDI *Ste Édith*

8 h
9 h
10 h
11 h
12 h
13 h
14 h
15 h
16 h
17 h
18 h
19 h
20 h

17 MARDI *St Renaud*

8 h
9 h
10 h
11 h
12 h
13 h
14 h
15 h
16 h
17 h
18 h
19 h
20 h

18 MERCREDI *Ste Nadège*

8 h
9 h
10 h
11 h
12 h
13 h
14 h
15 h
16 h
17 h
18 h
19 h
20 h

19 JEUDI *Ste Émilie*

8 h
9 h
10 h
11 h
12 h
13 h
14 h
15 h
16 h
17 h
18 h
19 h
20 h

20 VENDREDI *St Jean-Charles*

8 h
9 h
10 h
11 h
12 h
13 h
14 h
15 h
16 h
17 h
18 h
19 h
20 h

21 SAMEDI *St Matthieu*

22 DIMANCHE *Automne* *St Maurice*

Notes

Oppede le Vieux, *Vaucluse, région Provence Alpes-Côte d'Azur.*

SEPTEMBRE

23 LUNDI
St Constant

8 h

9 h

10 h

11 h

12 h

13 h

14 h

15 h

16 h

17 h

18 h

19 h

20 h

24 MARDI
St Anatole

8 h

9 h

10 h

11 h

12 h

13 h

14 h

15 h

16 h

17 h

18 h

19 h

20 h

25 MERCREDI
St Hermann

8 h

9 h

10 h

11 h

12 h

13 h

14 h

15 h

16 h

17 h

18 h

19 h

20 h

26 JEUDI
St Côme, St Damien

8 h

9 h

10 h

11 h

12 h

13 h

14 h

15 h

16 h

17 h

18 h

19 h

20 h

27 VENDREDI
St Vincent de Paul

8 h

9 h

10 h

11 h

12 h

13 h

14 h

15 h

16 h

17 h

18 h

19 h

20 h

28 SAMEDI
St Venceslas

29 DIMANCHE
St Michel, St Gabriel

Notes

Rocamadour, *ancienne cité de Rocamadour, Lot, région Occitanie.*

SEPTEMBRE-OCTOBRE

30 LUNDI
St Jérôme

8 h
9 h
10 h
11 h
12 h
13 h
14 h
15 h
16 h
17 h
18 h
19 h
20 h

1 MARDI
Ste Thérèse de l'Enfant Jésus

8 h
9 h
10 h
11 h
12 h
13 h
14 h
15 h
16 h
17 h
18 h
19 h
20 h

2 MERCREDI
St Léger

8 h
9 h
10 h
11 h
12 h
13 h
14 h
15 h
16 h
17 h
18 h
19 h
20 h

3 JEUDI
St Gérard

8 h
9 h
10 h
11 h
12 h
13 h
14 h
15 h
16 h
17 h
18 h
19 h
20 h

4 VENDREDI
St François d'Assise

8 h
9 h
10 h
11 h
12 h
13 h
14 h
15 h
16 h
17 h
18 h
19 h
20 h

5 SAMEDI
Ste Fleur

6 DIMANCHE
St Bruno

Notes

Riquewihr, *village d'Alsace, sur la célèbre « route des vins », Haut-Rhin, région Grand Est.*

OCTOBRE

7 LUNDI *St Serge*	8 MARDI *Ste Pélagie*	9 MERCREDI *St Denis*	10 JEUDI *St Hugo*	11 VENDREDI *St Firmin, Action de grâces (Québec)*	12 SAMEDI *St Wilfried*
8 h	8 h	8 h	8 h	8 h	
9 h	9 h	9 h	9 h	9 h	
10 h	10 h	10 h	10 h	10 h	
11 h	11 h	11 h	11 h	11 h	
12 h	12 h	12 h	12 h	12 h	
13 h	13 h	13 h	13 h	13 h	
					13 DIMANCHE *St Géraud*
14 h	14 h	14 h	14 h	14 h	
15 h	15 h	15 h	15 h	15 h	
16 h	16 h	16 h	16 h	16 h	
17 h	17 h	17 h	17 h	17 h	
18 h	18 h	18 h	18 h	18 h	
19 h	19 h	19 h	19 h	19 h	
20 h	20 h	20 h	20 h	20 h	

Notes

Loubressac, *village traditionnel de la campagne française, Lot, région Occitanie.*

OCTOBRE

14 LUNDI *St Céleste*

8 h
9 h
10 h
11 h
12 h
13 h
14 h
15 h
16 h
17 h
18 h
19 h
20 h

15 MARDI *Ste Thérèse d'Avila*

8 h
9 h
10 h
11 h
12 h
13 h
14 h
15 h
16 h
17 h
18 h
19 h
20 h

16 MERCREDI *Ste Edwige*

8 h
9 h
10 h
11 h
12 h
13 h
14 h
15 h
16 h
17 h
18 h
19 h
20 h

17 JEUDI *St Baudouin*

8 h
9 h
10 h
11 h
12 h
13 h
14 h
15 h
16 h
17 h
18 h
19 h
20 h

18 VENDREDI *St Luc*

8 h
9 h
10 h
11 h
12 h
13 h
14 h
15 h
16 h
17 h
18 h
19 h
20 h

19 SAMEDI *St René*

20 DIMANCHE *Ste Adeline*

Notes

Estaing, *Aveyron, région Occitanie.*

OCTOBRE

21 LUNDI *Ste Céline*	22 MARDI *Ste Élodie*	23 MERCREDI *St Jean de Capistran*	24 JEUDI *St Florentin*	25 VENDREDI *St Crépin*
8 h	8 h	8 h	8 h	8 h
9 h	9 h	9 h	9 h	9 h
10 h	10 h	10 h	10 h	10 h
11 h	11 h	11 h	11 h	11 h
12 h	12 h	12 h	12 h	12 h
13 h	13 h	13 h	13 h	13 h
14 h	14 h	14 h	14 h	14 h
15 h	15 h	15 h	15 h	15 h
16 h	16 h	16 h	16 h	16 h
17 h	17 h	17 h	17 h	17 h
18 h	18 h	18 h	18 h	18 h
19 h	19 h	19 h	19 h	19 h
20 h	20 h	20 h	20 h	20 h

26 SAMEDI
St Dimitri

27 DIMANCHE
Ste Émeline

Notes

Banassac, *petit village avec ses maisons traditionnelles de Lozère recouvertes de neige, Lozère, région Occitanie.*

OCTOBRE-NOVEMBRE

28 LUNDI
St Jude, St Simon

8 h
9 h
10 h
11 h
12 h
13 h
14 h
15 h
16 h
17 h
18 h
19 h
20 h

29 MARDI
St Narcisse

8 h
9 h
10 h
11 h
12 h
13 h
14 h
15 h
16 h
17 h
18 h
19 h
20 h

30 MERCREDI
Ste Bienvenue

8 h
9 h
10 h
11 h
12 h
13 h
14 h
15 h
16 h
17 h
18 h
19 h
20 h

31 JEUDI
St Quentin
Halloween

8 h
9 h
10 h
11 h
12 h
13 h
14 h
15 h
16 h
17 h
18 h
19 h
20 h

1 VENDREDI
Toussaint

8 h
9 h
10 h
11 h
12 h
13 h
14 h
15 h
16 h
17 h
18 h
19 h
20 h

2 SAMEDI
Défunts

3 DIMANCHE
St Hubert

Notes

Saint-Paul-de-Vence, *« La Petite Chapelle », village médiéval fortifié, Alpes-Maritimes, région Provence-Alpes-Côte-d'Azur.*

NOVEMBRE

4 LUNDI *St Charles*	5 MARDI *Ste Sylvie*	6 MERCREDI *St Léonard*	7 JEUDI *Ste Karine*	8 VENDREDI *St Geoffroy*	9 SAMEDI *St Théodore*
8 h	8 h	8 h	8 h	8 h	
9 h	9 h	9 h	9 h	9 h	
10 h	10 h	10 h	10 h	10 h	
11 h	11 h	11 h	11 h	11 h	
12 h	12 h	12 h	12 h	12 h	
13 h	13 h	13 h	13 h	13 h	
					10 DIMANCHE *St Léon*
14 h	14 h	14 h	14 h	14 h	
15 h	15 h	15 h	15 h	15 h	
16 h	16 h	16 h	16 h	16 h	
17 h	17 h	17 h	17 h	17 h	
18 h	18 h	18 h	18 h	18 h	
19 h	19 h	19 h	19 h	19 h	
20 h	20 h	20 h	20 h	20 h	

Notes

Village de Saint-Agnès, *Alpes-Maritimes, région Provence-Alpes-Côte-d'Azur.*

NOVEMBRE

11 LUNDI *Armistice 1918, Jour du souvenir (Québec)*	12 MARDI *St Christian*	13 MERCREDI *St Brice*	14 JEUDI *St Sidoine*	15 VENDREDI *St Albert*	16 SAMEDI *Ste Marguerite*
8 h	8 h	8 h	8 h	8 h	
9 h	9 h	9 h	9 h	9 h	
10 h	10 h	10 h	10 h	10 h	
11 h	11 h	11 h	11 h	11 h	
12 h	12 h	12 h	12 h	12 h	
13 h	13 h	13 h	13 h	13 h	
					17 DIMANCHE *Ste Élisabeth*
14 h	14 h	14 h	14 h	14 h	
15 h	15 h	15 h	15 h	15 h	
16 h	16 h	16 h	16 h	16 h	
17 h	17 h	17 h	17 h	17 h	
18 h	18 h	18 h	18 h	18 h	
19 h	19 h	19 h	19 h	19 h	
20 h	20 h	20 h	20 h	20 h	

Notes

Balazuc, *Ardèche, région Auvergne-Rhône-Alpes.*

NOVEMBRE

18 LUNDI *Ste Aude*	19 MARDI *St Tanguy*	20 MERCREDI *St Edmond*	21 JEUDI *Présentation de la Vierge Marie*	22 VENDREDI *Ste Cécile*	23 SAMEDI *St Clément*
8 h	8 h	8 h	8 h	8 h	
9 h	9 h	9 h	9 h	9 h	
10 h	10 h	10 h	10 h	10 h	
11 h	11 h	11 h	11 h	11 h	
12 h	12 h	12 h	12 h	12 h	
13 h	13 h	13 h	13 h	13 h	
					24 DIMANCHE *Ste Flora*
14 h	14 h	14 h	14 h	14 h	
15 h	15 h	15 h	15 h	15 h	
16 h	16 h	16 h	16 h	16 h	
17 h	17 h	17 h	17 h	17 h	
18 h	18 h	18 h	18 h	18 h	
19 h	19 h	19 h	19 h	19 h	
20 h	20 h	20 h	20 h	20 h	

Notes

Mittelbergheim, *dans la campagne d'Alsace, vignobles et villages au lever du soleil, Bas-Rhin, région Grand Est.*

NOVEMBRE-DÉCEMBRE

25 LUNDI *Ste Catherine*	26 MARDI *Ste Delphine*	27 MERCREDI *St Virgile*	28 JEUDI *St Jacques de la Marche*	29 VENDREDI *St Saturnin*	30 SAMEDI *St André*
8 h	8 h	8 h	8 h	8 h	
9 h	9 h	9 h	9 h	9 h	
10 h	10 h	10 h	10 h	10 h	
11 h	11 h	11 h	11 h	11 h	
12 h	12 h	12 h	12 h	12 h	
13 h	13 h	13 h	13 h	13 h	
					1 DIMANCHE *Ste Florence, St Éloi*
14 h	14 h	14 h	14 h	14 h	
15 h	15 h	15 h	15 h	15 h	
16 h	16 h	16 h	16 h	16 h	
17 h	17 h	17 h	17 h	17 h	
18 h	18 h	18 h	18 h	18 h	
19 h	19 h	19 h	19 h	19 h	
20 h	20 h	20 h	20 h	20 h	

Notes

Kaysersberg, *ses traditionnelles maisons colorées, l'un des plus beaux villages de France, Haut-Rhin, région Grand Est.*

DÉCEMBRE

2 LUNDI *Ste Viviane*	3 MARDI *St François-Xavier*	4 MERCREDI *Ste Barbara, Ste Barbe*	5 JEUDI *St Gérald*	6 VENDREDI *St Nicolas*	7 SAMEDI *St Ambroise*
8 h	8 h	8 h	8 h	8 h	
9 h	9 h	9 h	9 h	9 h	
10 h	10 h	10 h	10 h	10 h	
11 h	11 h	11 h	11 h	11 h	
12 h	12 h	12 h	12 h	12 h	
13 h	13 h	13 h	13 h	13 h	
					8 DIMANCHE *Immaculée Conception*
14 h	14 h	14 h	14 h	14 h	
15 h	15 h	15 h	15 h	15 h	
16 h	16 h	16 h	16 h	16 h	
17 h	17 h	17 h	17 h	17 h	
18 h	18 h	18 h	18 h	18 h	
19 h	19 h	19 h	19 h	19 h	
20 h	20 h	20 h	20 h	20 h	

Notes

Grimaud, *Var, région Provence-Alpes-Côte d'Azur.*

DÉCEMBRE

9 LUNDI
St Pierre Fourier

8 h
9 h
10 h
11 h
12 h
13 h
14 h
15 h
16 h
17 h
18 h
19 h
20 h

10 MARDI
Ste Eulalie

8 h
9 h
10 h
11 h
12 h
13 h
14 h
15 h
16 h
17 h
18 h
19 h
20 h

11 MERCREDI
St Arthur, St Daniel

8 h
9 h
10 h
11 h
12 h
13 h
14 h
15 h
16 h
17 h
18 h
19 h
20 h

12 JEUDI
St Corentin

8 h
9 h
10 h
11 h
12 h
13 h
14 h
15 h
16 h
17 h
18 h
19 h
20 h

13 VENDREDI
Ste Lucie

8 h
9 h
10 h
11 h
12 h
13 h
14 h
15 h
16 h
17 h
18 h
19 h
20 h

14 SAMEDI
Ste Odile

15 DIMANCHE
Ste Ninon

Notes

Cordes-sur-Ciel, *village perché sur une colline du Tarn, région Occitanie.*

DÉCEMBRE

16 LUNDI *Ste Alice*	17 MARDI *St Gaël*	18 MERCREDI *St Gatien*	19 JEUDI *St Urbain*	20 VENDREDI *St Isaac*	21 SAMEDI *Hiver* *St Pierre Canisius*
8 h	8 h	8 h	8 h	8 h	
9 h	9 h	9 h	9 h	9 h	
10 h	10 h	10 h	10 h	10 h	
11 h	11 h	11 h	11 h	11 h	
12 h	12 h	12 h	12 h	12 h	
13 h	13 h	13 h	13 h	13 h	
					22 DIMANCHE *Ste Françoise-Xavière*
14 h	14 h	14 h	14 h	14 h	
15 h	15 h	15 h	15 h	15 h	
16 h	16 h	16 h	16 h	16 h	
17 h	17 h	17 h	17 h	17 h	
18 h	18 h	18 h	18 h	18 h	
19 h	19 h	19 h	19 h	19 h	
20 h	20 h	20 h	20 h	20 h	

Notes

Valensole, *Centre de culture de lavande sur le plateau de Valensole, Var, Alpes de Haute-Provence, région Provence-Alpes-Côte d'Azur.*

DÉCEMBRE

23 LUNDI *St Armand*	24 MARDI *Ste Adèle*	25 MERCREDI *Noël*	26 JEUDI *St Étienne*	27 VENDREDI *St Jean*	28 SAMEDI *Sts Innocents*
8 h	8 h	8 h	8 h	8 h	
9 h	9 h	9 h	9 h	9 h	
10 h	10 h	10 h	10 h	10 h	
11 h	11 h	11 h	11 h	11 h	
12 h	12 h	12 h	12 h	12 h	
13 h	13 h	13 h	13 h	13 h	
					29 DIMANCHE *St David*
14 h	14 h	14 h	14 h	14 h	
15 h	15 h	15 h	15 h	15 h	
16 h	16 h	16 h	16 h	16 h	
17 h	17 h	17 h	17 h	17 h	
18 h	18 h	18 h	18 h	18 h	
19 h	19 h	19 h	19 h	19 h	
20 h	20 h	20 h	20 h	20 h	

Notes

Moret-sur-Loing, *le village, l'église Notre Dame, vus depuis le canal du Loing, Seine-et-Marne, région Ile-de-France.*

DÉCEMBRE-JANVIER 2025

30 LUNDI *St Roger*	31 MARDI *St Sylvestre*	1 MERCREDI *Jour de l'an*	2 JEUDI *St Basile*	3 VENDREDI *Ste Geneviève*	4 SAMEDI *St Odilon*
8 h	8 h	8 h	8 h	8 h	
9 h	9 h	9 h	9 h	9 h	
10 h	10 h	10 h	10 h	10 h	
11 h	11 h	11 h	11 h	11 h	
12 h	12 h	12 h	12 h	12 h	
13 h	13 h	13 h	13 h	13 h	
					5 DIMANCHE *St Édouard*
14 h	14 h	14 h	14 h	14 h	
15 h	15 h	15 h	15 h	15 h	
16 h	16 h	16 h	16 h	16 h	
17 h	17 h	17 h	17 h	17 h	
18 h	18 h	18 h	18 h	18 h	
19 h	19 h	19 h	19 h	19 h	
20 h	20 h	20 h	20 h	20 h	

Notes

Département : Côte-d'Or (21420)
Nombre d'habitants : 260
Gentilé : Pernandais, Pernandaise

Le village de **Pernand-Vergelesses**, grand cru de Bourgogne, se niche au cœur du vignoble de la Côte de Beaune.
Amoureux des belles pierres et de superbes paysages ? Amateur de bon vin ? Passionné de théâtre ? Si vous cochez l'une de ces cases, vous ne manquerez pas de faire le détour par Pernand-Vergelesses. Ce pittoresque village, situé à 6 kilomètres au nord de Beaune, est l'un des plus anciens de la Côte de Beaune. Au fil des rues, vous découvrirez de vieux lavoirs, et surtout, l'église Saint-Germain, bel exemple de l'architecture cistercienne, dite style roman-bourguignon (XIIe siècle), au clocher habillé de tuiles vernissées jaunes et noires. Et pour profiter d'un superbe panorama sur le village et les vignobles alentour, on grimpera jusqu'à l'oratoire Notre-Dame de Bonne Espérance. Partie des vignobles de la Côte de Beaune, Pernand-Vergelesses compte trois grands crus. Enfin, la balade ne serait pas complète sans un arrêt à la maison Jacques-Copeau, classée à l'inventaire des Monuments historiques. C'est là que Jacques Copeau, fondateur du théâtre du Vieux Colombier à Paris, a souhaité installer sa compagnie. Aujourd'hui, la maison, qui peut se visiter, reste un lieu de création théâtrale et organise des stages pour les comédiens.

Département : Dordogne (24540)
Nombre d'habitants : 450
Gentilé : Monpaziérois, Monpaziéroise

Reine des bastides (villages fortifiés) d'Aquitaine, **Monpazier**, est l'une des 300 bastides du Grand Sud-Ouest, et l'une des plus remarquables. Elle fut même considérée comme un modèle théorisé de bastide par l'architecte Viollet-le-Duc ! Fondée en 1284 par Edouard Ier d'Angleterre, Monpazier offre le visage traditionnel de ces cités construites selon un plan régulier, de forme carrée ou rectangulaire. Les rues et ruelles se coupent à angle droit, partageant le village en damier. On franchit l'une des trois portes fortifiées subsistantes, sur les six que comptaient les remparts de Monpazier. En flânant dans les ruelles pavées, on découvre ogives et fenêtres Renaissance. Puis on débouche au cœur de la cité, sur la remarquable place des Cornières, bordée d'arcades. Elle accueille une jolie halle, à la charpente en bois de châtaignier. On y retrouve toutes les caractéristiques de l'architecture médiévale, particulièrement bien conservée. Non contente de ses 32 monuments classés, dont l'ancienne grange aux dîmes, appelée Maison du Chapitre, ou encore l'église Saint-Dominique, la bastide de Monpazier est devenue la cité des métiers d'art, promettant de jolies découvertes.

Département : Côte-d'Or (21140)
Nombre d'habitants : 4 139
Gentilé : Semurois, Semuroise

Dans le département de la Côte-d'Or, entre Montbard et Saulieu, la cité médiévale de **Semur-en-Auxois** qui se dresse sur un promontoire de granit rose, au détour d'un méandre de l'Armançon, a reçu le premier prix régional du patrimoine en 2005 pour ses remparts. Intacts, ils permettent encore aujourd'hui au promeneur de faire le tour de la petite ville et d'admirer depuis le ciel ses toits roux qui font sa notoriété. Maisons à colombages, collégiale Notre-Dame du XIIIe siècle, ancien couvent des Jacobins du XVIIe et un donjon aux quatre tours dont la tour de l'Orle d'or, haute de 44 mètres, voici les joyaux de cette ville pittoresque dont la légende fait remonter la fondation au héros Hercule, de passage pour s'en retourner chez lui après ses douze travaux. Point d'Antiquité en réalité pour Semur dont la première trace remonte tout de même à… 606. Son essor fit ensuite d'elle la fière capitale des ducs de Bourgogne, auxquels elle doit ses gargouilles et hôtels particuliers autour desquels il fait si bon flâner.

Département : Vaucluse (84110)
Nombre d'habitants : 6 072
Gentilé : Vaisonnais, Vaisonnaise

Avec les sept collines qui l'entourent, comme la ville de Rome, **Vaison** semblait prédestinée à devenir **la Romaine**. C'est en 1924 qu'on lui fit l'honneur de ce baptême après que les fouilles entreprises par l'abbé Sautel au début du XXe siècle eurent révélé un véritable florilège de splendeurs antiques. Aujourd'hui, la prospère cité romaine, entièrement dégagée sur 15 hectares, se visite à ciel ouvert. Les vestiges sont présents dans tout le centre-ville, où les sites antiques de Puymin et La Villasse se mêlent aux places, cafés et habitations, et forment encore aujourd'hui le plus grand site archéologique de France. Quant au théâtre antique, il est plus que jamais vivant puisqu'il abrite de nombreuses manifestations culturelles tout au long de l'année. Cette époustouflante découverte n'efface pas pour autant les nombreuses splendeurs de Vaison la médiévale qui compte aussi un somptueux pont à arche unique, une cité médiévale, une cathédrale et un impressionnant château féodal du XIIe siècle. En un seul et même mouvement, la cité offre à l'œil ébahi 2000 ans d'histoire.

Département : Alpes-Maritimes (06360)
Nombre d'habitants : 2 343
Gentilé : Ézasque, Ézasque

C'est un beau village ocre adossé à la colline, on y vient par la corniche, on ne s'annonce pas, pas besoin de clés. Suspendue à quelque 500 mètres au-dessus de la Méditerranée en pleine French Riviera, la petite ville d'**Èze** dégage une tranquille atmosphère de vacances et de farniente qui n'est pas sans rappeler celle de la maison bleue que chante Maxime Le Forestier. Avec ses à-pics et ses paysages insensés, la route escarpée qui serpente jusqu'à la cité au-dessus de la côte semble être la voie du ciel et le voyageur n'est pas surpris lorsqu'en descendant de voiture, il y trouve des effluves de paradis. C'est quelque part sur le sentier gorgé de soleil qui porte aujourd'hui son nom que Nietzsche, en quête d'inspiration, aurait trouvé celle de son Zarathoustra. Oui, avec ses ruelles ombragées bordées de restanques et de plantes succulentes, ses façades à l'ocre desquelles le soleil semble accroché, son église baroque au charme suranné, Èze est inspirante. Oui encore, avec les parfums qui s'échappent de son usine Fragonard dans la brume matinale, il y a à Èze une odeur de paradis.

Département : Corrèze (19500)
Nombre d'habitants : 838
Gentilé : Turennois, Turennoise

L'histoire est passée par **Turenne**, ravissante bourgade située au sud de Brive, et elle y a laissé sa traîne. Jusque dans le nom de ce village qui porte celui d'une puissante vicomté ayant régné dix siècles durant sur le Limousin, le Périgord et le Quercy. Quelques drapeaux arborant le blason de cette maison flottent encore aux fenêtres des demeures aux toits de lauze ou d'ardoise qui s'étalent de part et d'autre des ruelles abruptes du village. Robustes bâtisses du XIIIe siècle, tours en poivrière des beaux hôtels particuliers des XVe, XVIe et XVIIe, vastes maisons nobles du XVIIIe… Voyez cette impressionnante muraille qui ceint encore la plateforme sur laquelle se dresse le château, avec sa tour César (XIIIe) et sa tour au Trésor (XIVe) qui servait de donjon. Elle protégeait les Turennois de l'Anglais qui partout autour menaçait. Quant à la tour du Calvaire et le bastion de Magal, ils rappellent le passé protestant de la bourgade du temps des guerres de Religion. À Turenne, on pourrait presque encore se prendre à courir à la porte de Mauriolles pour s'assurer qu'aucun attaquant ne pénètre dans l'enceinte.

Département : Lot (46400)
Nombre d'habitants : 356
Gentilé : Altoirois, Altoiroise

Au creux de leur cirque naturel débordant de lumière, sur le causse entre Figeac et Gramat, les Altarois sont fiers. Ils chantent que leur joli village d'**Autoire** est un petit Versailles. Ils énumèrent leurs bijoux : pigeonniers carrés, manoirs et gentilhommières à l'élégance timidement dissimulée derrière de hautes tourelles. Ils louent les bienfaits de leur cascade en ces terres arides. Sur les 3000 mètres de sentier de calcaire perdu dans la végétation qui y mènent, ils jettent un œil heureux aux ruines du château des Anglais adossées au flanc de la falaise. En contemplant la majestueuse chute d'eau de plus de 30 mètres (la plus haute du département), ils rappellent qu'en ces lieux assaillis de soleil, seul l'Autoire, torrent qui donna son nom au village, apporte la fraîcheur dont on a besoin. Devant le donjon de l'église Saint-Pierre construite à la fin du XIe siècle, ils soulignent sa beauté fortifiée, l'harmonie des couleurs des maisons aux toits bruns et aux façades claires. Dans leur village aux trésors innombrables, n'ont-ils pas bien raison d'avoir le port un rien altier, les Altoirois ?

Département : Corrèze (19500)
Nombre d'habitants : 491
Gentilé : Collongeois, Collongeoise

Rouge est l'église romane ; rouges, la halle et son ancien four ; rouges, le château de Vassinhac, ses tours hexagonales et leurs escaliers à vis ; rouge, la maison de la sirène ; rouges encore les ruelles médiévales et les nombreux castels aux tours en poivrière. Vous l'aurez compris, à **Collonges-la-Rouge**, dans le Limousin, le code couleur est au pourpre et parmi les constructions, seule la chapelle des Pénitents noirs y déroge, bien qu'elle ne l'ose que pour son nom, ses murs étant de sang. Cet authentique joyau corrézien doit cette particularité à la terre de grès rouge extraite du Puy de Valège qui s'élève à 450 mètres au-dessus du village. À bien y regarder pourtant, derrière l'insolite flamboyance de ses pierres, la ville aux vingt-cinq tours arbore aussi des nuances ocrées avec lesquelles le gris des ardoises, les teintes bleutées des lauzes et le vert des vignes entrent en harmonie pour offrir une palette d'une rare intensité. Est-ce encore cette couleur chère à Collonges-la-Rouge qui, en 1932, inspira à Julien Duvivier la thématique du *Poil de carotte* qu'il vint y tourner ?

Département : Indre et Loire (37400)
Nombre d'habitants : 13 119
Gentilé : Amboisien ou Ambacien, Amboisienne ou Ambacienne

À la Renaissance, le Val-de-Loire a séduit les rois de France, qui y ont fait édifier de somptueux châteaux. Site très prisé, baigné par les eaux de la Loire et de l'Amasse, **Amboise** tire son nom de cette situation géographique, *Ambacia* en latin signifiant « entre deux eaux ». La ville devient résidence royale de Charles VII en 1431 et se développe au pied du château royal. Lequel sera ensuite embelli par Louis XII puis François Ier. Situé sur un promontoire qui domine la Loire, le château semble veiller sur la ville. Cette position surélevée permet de profiter d'un panorama remarquable sur la ville d'un côté et le fleuve de l'autre. À apprécier en faisant le tour des remparts. Ouvert sur la nature, il offre deux hectares de jardins. On visitera le logis royal et la chapelle Saint-Hubert (gothique flamboyant), qui accueille la tombe de Léonard de Vinci. Le fameux génie résida au Clos Lucé, lieu incontournable d'une visite à Amboise, tout comme le Domaine Royal de Château-Gaillard ou encore la Pagode de Chanteloup.

Département : Gironde (33330)
Nombre d'habitants : 1 878
Gentilé : Saint-Émilionnais, Saint-Émilionnaise

Les Gascons peuvent être fiers de leur terroir : à **Saint-Émilion** (*Sent Million* en gascon), les vignerons ont si bien pétri le paysage que l'Unesco a inscrit en 1999 son vignoble au patrimoine mondial de l'humanité, au titre de « paysage culturel ». Une première mondiale ! Cette inscription concerne quelque 5 000 hectares de vignes cultivées sur huit communes. À Saint-Émilion, tout est remarquable : patrimoine naturel tout d'abord, avec ce paysage exceptionnel qui mêle nature et culture pour servir un capital gastronomique tout aussi singulier puisque le vin de saint-émilion est dégusté pas les connaisseurs du monde entier : Amérique, Afrique, Asie, nul continent n'est épargné ! Mais également richesse historique et architecturale considérable : perdez-vous dans les ravissantes ruelles pavées de la cité médiévale, découvrez son église monolithe, ses carrières souterraines, ses monuments religieux, laissez-vous tenter par l'odeur alléchante des macarons, parcourez la campagne environnante qui fourmille d'églises romanes, de pigeonniers et de moulins, et vous comprendrez les Gascons.

Département : Gard (30200)
Nombre d'habitants : 182
Gentilé : Roquairol, Roquairole

Au nord du département du Gard, **La Roque-sur-Cèze** surplombe un piton rocheux implanté sur les rives de la Cèze qu'enjambe le solide pont Charles-Martel à douze arches depuis près de huit cents ans. À l'ombre d'un château du XIIe siècle, le village aux calades entrelacées que nulle voiture n'est en droit de fouler s'habille d'une végétation toute méditerranéenne : vigne vierge, cyprès, laurier-rose, micocoulier... qui laisse la part belle aux mûriers, dont le rôle ornemental contemporain n'efface pas le passé prestigieux : leurs feuilles nourrissaient les vers à soie dont la ville faisait commerce aux XVIIIe et XIXe siècles. La Roque gagne à être admirée depuis le sommet du piton qui offre un panorama imprenable sur les toitures de tuile et la rivière, en contrebas. À quelques centaines de mètres du village, on aperçoit les cascades du Sautadet (comprenez « du saut d'Hadès », dieu des enfers) au creux d'un imposant massif calcaire dans lequel la Cèze s'est violemment frayé un chemin. L'eau s'y écoule rageusement dans un spectaculaire labyrinthe de crevasses. Un paysage d'enfer, assurément.

Département : Vaucluse (84220)
Nombre d'habitants : 1 328
Gentilé : Roussillonnais, Roussillonnaise

Entre le Luberon et les monts de Vaucluse, **Roussillon** la rousse flamboie sous la lumière du ciel de Provence. Cette ville colorée ressemble à une palette à ciel ouvert où jaunes, roses, rouges et orangés se déclinent dans de nombreuses nuances. Il ne faut pas chercher loin pour découvrir l'origine de cette débauche de couleurs : perchée sur une falaise d'ocre de 343 mètres, la bourgade a bénéficié de cet élément naturel pour sa construction. Roussillon est en réalité implanté sur le plus important gisement ocrier du monde, duquel étaient autrefois extraits 18 tons d'ocres différents. Bien des peintres se sont d'ailleurs essayés à rendre la variation subtile de ses teintes, à commencer par Cocteau, Carzou, Buffet ou Ambrogiani. Quand il parcourt le sentier des ocres dans les anciennes carrières, le visiteur a un très bel aperçu de ces multiples couleurs. Véritable curiosité géologique, ces carrières dessinent un dédale brasillant parsemé de bruyères à balai, orcanettes, buis, pins maritimes et chênes verts dont le feuillage crée un éclatant contraste avec le sable et la roche environnants.

Département : Vaucluse (84160)
Nombre d'habitants : 1 142
Gentilé : Lourmarinois, Lourmarinoise

De quels trésors de charme la minuscule bourgade de **Lourmarin**, située entre les massifs du petit et du grand Luberon, a-t-elle bien pu user pour qu'Albert Camus et Henri Bosco choisissent d'y rester à demeure, enterrés à l'ombre des cyprès de son cimetière ? « Elle a cheminé en moi », révèle Bosco, amoureux de l'envoûtante cité. Elle a nonchalamment entrouvert le jaune de ses genêts sur ses rondes collines pour leur livrer son château Renaissance dans un écrin, c'est certain. A-t-elle un peu imploré ses cigales dont la sérénade anime de poésie la Fontaine aux Trois Masques ourlée de mousse ? Susurré à la brise de colporter d'une jolie voix les douze coups de l'horloge de son beffroi ? Une chose est sûre, Lourmarin a déployé le charme de ses ruelles aux couleurs sépia, étiré l'ombre de tous ses amandiers à chacun de leurs pas. Elle est leur Grèce éternelle, leur Hadès et leur dernière maîtresse. Femmes, jalousez-la : elle a donné tout ce qu'elle a. Jamais pour les séduire la bourgade de Lourmarin n'a eu recours à l'artifice. Et sans détour ils sont tombés dans ses bras.

Département : Bouches-du-Rhône (13520)
Nombre d'habitants : 350
Gentilé : Baussenc, Baussenque

À couper le souffle ! À nourrir tous les imaginaires ! Le site des **Baux-de-Provence**, au cœur des Alpilles, est exceptionnel à plus d'un titre. Voyez ce paysage minéral, ce blanc se détachant sur le ciel bleu. Voyez les ruines majestueuses de la forteresse moyenâgeuse se découper et épouser la crête de l'éperon rocheux. Et découvrez le village blotti sous la crête et les murailles, à l'abri du mistral comme il fut autrefois à l'abri des ennemis grâce à sa position stratégique. Depuis la citadelle, le paysage dévoile toute sa beauté : les falaises sculptées par les intempéries, qui ont donné leur nom, *Baou*, au village, la plaine de la Crau, et au loin la Méditerranée. Le village compte de belles demeures et des hôtels particuliers, pour la plupart édifiés au XVIe siècle. On découvrira aussi la chapelle des Pénitents blancs et l'église romane Saint-Vincent. Quant aux Carrières des Lumières, qui autrefois ont servi de cadre au *Testament d'Orphée* de Jean Cocteau, elles accueillent aujourd'hui des spectacles de sons et lumières, des représentations de tableaux étant projetées sur les parois et les piliers. Là aussi, à couper le souffle !

Département : Bouches-du-Rhône (13100)
Habitants : 9 800
Gentilé : Saint-Rémois, Saint-Rémoise

Vincent Van Gogh et l'épisode de l'oreille coupée... Cet événement bien connu de la vie de ce peintre tourmenté l'a conduit tout droit (à sa demande) au **monastère de Saint-Paul de Mausole**, un établissement sanitaire à vocation psychiatrique, situé à **Saint-Rémy de Provence**. C'est dans ce cadre magnifique, un édifice de style roman provençal du XIe siècle entre champs de blé et de lavande, que l'artiste va séjourner pendant un an. S'il peut y admirer le beau clocher roman à deux étages, le cloître remarquable, c'est surtout aux paysages, qu'il découvre depuis sa chambre, que le peintre va faire la part belle. Il y réalisera 100 dessins et 143 tableaux, parmi les plus fameux, comme *La nuit étoilée*, *Champ de blé avec cyprès*, ou encore *Iris*. De nombreux autres artistes ont été séduits par le charme de Saint-Rémy-de-Provence, cette commune des Alpilles où le soleil brille plus de 300 jours par an, baignant les lieux d'une lumière incomparable. Au gré de ses ruelles, on découvre un riche patrimoine architectural : hôtels particuliers, résidences des XVIIe et XVIIIe siècles, fontaines, placettes ombragées... Et tout près du monastère, les ruines de la cité gallo-romaine de Glanum.

Département : Alpes-Maritimes (06620)
Nombre d'habitants : 4 321
Gentilé : Gourdonnais, Gourdonnaise

À 760 mètres d'altitude, **Gourdon**, accroché au sommet d'une colossale falaise s'ouvrant au-dessus des gorges du Loup, semble imprenable. Les Sarrasins l'avaient bien noté, qui s'y installèrent du VIIIe au Xe siècle après l'avoir assaillie à maintes reprises. Le village a d'ailleurs joué ce rôle de sentinelle jusqu'à son occupation par les Allemands, pendant la Seconde Guerre mondiale. Mais ces histoires sont anciennes et Gourdon n'en conserve que le souvenir lointain entre les murs épais de ses portes fortifiées, de son hôtel de ville et de son château. Pour adoucir ce dernier, Le Nôtre lui a dessiné de paisibles jardins qui, suspendus au-dessus d'un promontoire vertigineux, semblent habiller la bâtisse de doux nuages verts. Sur la grande place du marché comme au château, le cliquetis des armes a disparu pour laisser place à la régalade : les truffes et le foie gras le disputent aux confits et magrets de canard, le gigot du Causse se fraie un passage entre cèpes, miel et châtaignes pendant que le gâteau aux noix rivalise avec les cabécous et le vin de Cahors.

Département : Vaucluse (84220)
Nombre d'habitants : 1 974
Gentilé : Gordien, Gordienne

476 ap. J.-C. : c'est la fin de l'Empire romain d'Occident et la ruée de hordes barbares sur le territoire. Pour se protéger de leurs attaques, les populations gagnent les points culminants et s'abritent derrière les rochers. C'est certainement grâce à l'histoire mouvementée de la Gaule à la fin du Ve siècle que les toits de tuile des maisons gordiennes tutoient aujourd'hui l'azur depuis leur poste d'observation. Sur le plateau du Vaucluse, le village de **Gordes**, fleuron du Luberon, trouve ses racines dans le rocher et dans un passé lointain, que Prosper Mérimée rattache aux Vordenses, cette peuplade albique issue de la région. On le voit de loin dans la garrigue. Minéral, il semble façonné par le roc sur lequel il a pris attache et ses labyrinthes de calades paraissent directement issus de la pierre. Ses ruelles bordées de bories et de murs de pierres sèches mènent au château forteresse et à un véritable joyau : l'abbaye de Sénanque, massive, colossale, que les champs de lavande colorent de mauve au soleil couchant. Les Cisterciens qui l'occupent y concoctent une liqueur dont on se souvient longtemps.

Département : Haute-Corse (20247)
Nombre d'habitants : 538
Gentilé : Roglianais, Roglianaises

Parmi les neuf hameaux que compte la commune de **Rogliano**, le hameau de **Bettolacce** (*Bettulacce* en corse) tire son nom de la fusion de *Bettula* et *Lecce*, qui signifient « taverne » et « chêne vert ». Ce chef-lieu communal, aux maisons accrochées aux pentes du cap Corse, bénéficie d'une vue imprenable sur la mer. Au fil d'une balade le long de ruelles escarpées, le promeneur découvre d'imposants édifices qui reflètent la grandeur passée des lieux. Le village est dominé par une tour génoise ronde en très bon état, la tour della Parocchia, construite au XVe siècle et classée Monument historique. À l'ouest, perchée sur une terrasse depuis le XVIe siècle, puis agrandie et dotée au XVIIIe siècle d'une grande façade classique, se dresse l'église Sant'Agnellu. Au nord, près du cimetière qui domine le village, la maison des jeunes a élu domicile dans l'ancienne chapelle de confrérie Santa Croce à la grande façade surmontée d'un large fronton. Le village est traversé par le Chemin de l'impératrice, baptisé en l'honneur de l'impératrice Eugénie qui en finança la réalisation. L'impératrice offrit également la balustrade en marbre de Carrare de son chœur à l'église Sant'Agnellu.

Département : Haute-Corse (20217)
Nombre d'habitants : 70
Gentilé : Nonzais, Nonzaise

À voir **Nonza**, ce paisible village du Cap Corse, écrasé par le soleil, serré contre le piton rocheux, comment pourrait-on imaginer son passé mouvementé ? En se rendant à l'église Sainte-Julie, peut-être y découvrira-t-on un indice. Elle a en effet été construite en hommage à sainte Julie, patronne de la Corse, qui aurait été martyrisée sur le site de Nonza. Édifiée au XIVe siècle, puis remaniée et plusieurs fois reconstruite, l'église fait mentir le classicisme de ses formes par son badigeon rose, ses deux pilastres jaunes et son toit de lauzes. Et si on se rendait à la Tour Paoline, construite par Pascal Paoli en 1760 après la révolte des Corses contre les Génois ? Elle se dresse au sommet du Monte, la falaise qui offre un point de vue stratégique sur le golfe de Saint-Florent. De quoi apercevoir l'ennemi depuis la terrasse crénelée qui vient couronner les trois étages de la tour. Retour au martyre de santa Ghjulia en passant par la fontaine aux eaux supposées miraculeuses (elles auraient jailli des seins coupés de la sainte) et à la chapelle toute proche. Ensuite ? Un détour rafraîchissant par la plage aux galets noirs !

Département : Haute-Corse (20228)
Nombre d'habitants : 75
Gentilé : Cagnanais, Cagnanaise

Situé sur la côte Est du Cap Corse, au nord de Bastia, le charmant petit port de **Porticciolo** (commune de Cagnano) est une invitation au farniente. On y accède par une route magnifique et on n'a qu'une envie : y rester pour flâner, profiter du site et de la plage. Édifié à l'embouchure d'un ruisseau, ce village aux maisons resserrées est lié à la vallée agricole de Cagnano, dont il est la marine. Si les lieux sont paisibles aujourd'hui, il y régnait jusque dans les années 1875 une animation qui n'avait rien de touristique. Un chantier naval produisait entre autres des voiliers à deux mâts, les pêcheurs étaient nombreux et le commerce entre l'Italie et Bastia très actif. Aujourd'hui, on y apprécie la beauté du paysage, la tranquillité. On y déambule dans les petites rues en pente pour y découvrir le lavoir ancien, les belles demeures de notables, la chapelle Saint-Antoine. Les anciennes maisons de pêcheur sont devenues pour beaucoup des chambres d'hôtes. Les plus courageux suivront des sentiers balisés à la découverte des environs, et rejoindront les adeptes de la plage pour une baignade bien méritée.

Département : Dordogne (24170)
Habitants : 1280
Gentilé : Belvésois, Belvésoise

C'est toute une promesse que nous fait **Belvès**, « belle vue » en occitan. La tient-elle ? Deux fois oui ! Belle à voir, la cité médiévale aux sept clochers, construite en hauteur, offre effectivement une vue magnifique sur la vallée de la Nauze et le Périgord noir. Cette région de Dordogne doit son nom au vert sombre des forêts de chênes qui lui confèrent son caractère particulier. Et du caractère, Belvès n'en manque pas. Avec ses maisons aux toits à forte pente et aux murs de pierre calcaire blonde, elle affirme son identité périgourdine. Elle recèle aussi bien des surprises. Son riche passé se lit en surface, comme sur la Place d'Armes où se dressent encore les 23 piliers de bois de la halle du XVe siècle. La Tour de l'Archevêque, l'église Notre-Dame de l'Assomption en témoignent également. Mais son histoire se découvre également sous terre, sous forme d'un habitat troglodytique, utilisé du XIIIe au XVIIe siècle. Quant au château, il recèle un trésor unique, des peintures murales représentant les Neuf Preux, chevaliers mythiques, réels et imaginaires, dont les exploits étaient un thème littéraire et ornemental du Moyen Âge. Les super-héros de l'époque, en quelque sorte.

Département : Pyrénées-Orientales (66190)
Habitants : 2 830
Gentilé : Colliourenc, Colliourencque

Entre montagne et Méditerranée, sur la Côte Vermeille, **Collioure** la catalane multiplie les attraits : un port de pêche où l'on débarque les anchois, un riche patrimoine médiéval, un village coloré, la plage… Le tout sous « une lumière blonde qui supprime les ombres », disait Derain. Qui comme Matisse et bien d'autres peintres célèbres (Juan Gris, Picasso, Signac entre autres) a été séduit par l'incroyable palette de couleurs qui va du vert des vignes au bleu du ciel et de la mer, en passant par les teintes éclatantes des façades roses ou jaunes des maisons aux volets bleus, sans oublier les nuances qui font vibrer les pierres des bâtiments médiévaux au fil de la journée. C'est à Collioure que Matisse et Derain ont créé une nouvelle façon de peindre : le Fauvisme. À découvrir en suivant le Chemin du Fauvisme qui entraîne le visiteur dans les ruelles de la ville. On ne passera pas à côté de l'emblématique église Notre-Dame-des-Anges (XVIIe siècle), dont le clocher servit longtemps de phare. Incontournable, le Château royal de Collioure plonge ses fondations dans la mer. Cette résidence médiévale doit son aspect actuel à Vauban.

Département : Pyrénées-Atlantiques (64500)
Habitants : 14 130
Gentilé : Luzien, Luzienne

Situé entre Biarritz et la frontière espagnole, **Saint-Jean-de-Luz** affiche en façade son appartenance au Pays basque. Ce port de pêche et station balnéaire de renom s'est développé au fond du golfe de Gascogne. La ville a su garder son authenticité et offre un mélange architectural intéressant, mêlant maisons basques et de style néobasque, inspiré des maisons labourdines. Sous un toit souvent dissymétrique, les façades s'ornent de colombages soulignés de vert ou de rouge et s'agrémentent éventuellement de galeries, balcons... Saint-Jean-de-Luz recèle aussi de nombreux exemples d'architecture Art déco. L'ancienne cité corsaire a su faire de l'éclectisme un style unique ! Si l'on y vient pour les plaisirs de la plage, pour profiter des bienfaits des soins de thalassothérapie, Saint-Jean-de-Luz invite aussi à la flânerie, entre le vieux port et le centre-ville. C'est là que se trouve la place Louis XIV, bordée de belles demeures, dont l'Hôtel de ville et la maison Louis XIV. C'est dans l'église Saint-Jean-Baptiste qu'a eu lieu le mariage du roi Soleil avec l'infante d'Espagne, Marie-Thérèse.

Département : Pyrénées Atlantiques (64 430)
Habitants : 260
Gentilé : Urepeldar

Petit village frontalier avec l'Espagne, **Urepel** est situé au bout de la vallée des Aldudes, dans les Pyrénées-Atlantiques. Il a toutes les caractéristiques des villages montagnards, offrant à la fois un habitat groupé et un habitat dispersé en altitude. Si l'église est édifiée à 420 mètres, certaines habitations se perchent à plus de 700 mètres. Urepel est habité depuis le XVIe siècle, et on peut y voir des maisons de style bas navarrais du XVIIe siècle, le meilleur exemple étant la Maison Inharabia, au cœur du village. Sur cette terre d'élevage, on peut assister le dernier samedi du mois de mai à la fête de la transhumance, dite « la marque d'Urepel ». Mais Urepel compte un autre type d'élevage, à savoir la pisciculture. Au cœur d'une nature sauvage, entouré de hautes montagnes, ce village de Haute-Navarre se trouve au carrefour de multiples chemins de randonnées, voies de communication entre la Haute et la Basse-Navarre, reliant la vallée de Bastan à celle de Roncevaux. Nombreux sont les randonneurs en quête de grands espaces à venir les emprunter et gravir les 1437 mètres du mont Ahadi, point culminant de la vallée.

Département : Jura (39210)
Habitants : 151
Gentilé : Castel-Chalonnais, Castel-Chalonnaise

Comme suspendu au-dessus des nuages, **Château-Chalon** semble sorti d'un livre d'images, magnifié par la neige qui redessine la végétation. Situé dans le Jura, à 70 kilomètres de Besançon, le village peut en effet connaître de rudes hivers. Mais aussi de délicieux étés, qui permettent aux vignes donnant le fameux vin jaune de prospérer à ses pieds. Château-Chalon est en effet le lieu d'origine de ce vin réputé, les premiers pieds ayant été plantés par les bénédictins du lieu. Mais au-delà de la vigne et de la gastronomie, le village en lui-même mérite tous les détours. Perché au bord d'une falaise, surplombant le vignoble, Château-Chalon montre un caractère tout aussi affirmé que celui de son vin. Question de terroir, peut-être ! Du haut des quatre belvédères, on observe de superbes panoramas. Dans les ruelles tortueuses du village, on découvre de belles maisons anciennes, de charmantes petites places. L'église Saint-Pierre, qui associe nef gothique et parties romanes, les vestiges du Donjon, le musée de la Maison de la Haute Seille sont incontournables.

Département : Oise (60380)
Habitants : 100
Gentilé : Gerboréen, Gerboréenne

L'attractivité de **Gerberoy**, plus petite ville de France, durerait-elle ce que durent les roses ? Que nenni ! Certes, c'est la rose, emblème de cette ville de l'Oise, qui attire de nombreux visiteurs, avec en point d'orgue la fête des Roses début juin où les jardiniers trouvent toutes les variétés possibles. Mais Gerberoy prend aussi grand soin de son patrimoine architectural au charme plein d'authenticité. On passe une porte voûtée et on découvre le long des jolies rues pavées les façades des maisons, sur lesquelles voisinent colombages et torchis, hourdis de briques. Les couleurs des portes et volets sont pimpantes. Le tout est mis en valeur par de nombreuses fleurs. En effet, au début du XXe siècle, le peintre postimpressionniste Henri le Sidaner s'est pris de passion pour Gerberoy et s'y est installé, créant un jardin à l'italienne classé jardin remarquable. Il incite les habitants à planter, devant leurs maisons, hortensias, rosiers, glycines et clématites qui, aujourd'hui encore, offrent une délicieuse promenade visuelle et olfactive.

Département : Lot (46330)
Nombre d'habitants : 203
Gentilé : Saint-Cirquois, Saint-Cirquoise

« Une rose impossible dans la nuit. » C'est ainsi qu'André Breton qualifie cette beauté éternelle sur laquelle le temps semble glisser sans l'imprégner. L'horloge s'est arrêtée à **Saint-Cirq-Lapopie**, près de Cahors. Élue premier village préféré des Français en 2012, cette bourgade en partie classée Monument historique se découvre à pied. Est-ce pour mieux se laisser imprégner par la beauté de ses dégradés de brun, par la richesse de ses jardins en fleurs et de ses ruelles dessinées au hasard de l'histoire, par l'élégance de ses arcades, de ses portes fortifiées et de ses escaliers ? Autrefois réputée pour ses tourneurs sur bois, la bourgade, témoin d'une vie batelière florissante, a fait de l'artisanat son cheval de combat. Depuis la seconde moitié du XXe siècle, elle attire les artistes qui trouvent en cette terre d'histoire et d'harmonie la plus riche des inspirations pour leurs plumes et pinceaux. Après avoir découvert ce village exceptionnel de la vallée du Lot, subjugué, André Breton, décidément très amoureux du lieu, s'écria : « J'ai cessé de me désirer ailleurs. »

Département : Manche (50170)
Habitants : 40
Gentilé : Montois, Montoise

Il est des sites qu'on ne présente plus : le **Mont-Saint-Michel** en fait partie. Au premier coup d'œil, on identifie la célèbre abbaye qui couronne le village, fait corps avec lui pour affronter la mer. Car le Mont-Saint-Michel, dans la baie du même nom, a les pieds dans l'eau à marée haute. Lors des grandes marées, on dit que la marée monte à la vitesse d'un cheval au galop ! Mais aujourd'hui, plus besoin de se méfier, digue et pont-passerelle donnent accès au site en permanence. On déambule dans les rues du village médiéval abrité derrière ses remparts. On peut emprunter le chemin de ronde ponctué de 7 tours et parvenir ainsi à l'abbaye. Celle-ci est également accessible par la Grande rue, l'artère principale protégée par trois portes successives. L'abbaye, véritable prouesse technique, offre un tableau des différentes périodes de l'architecture médiévale, de la plus sobre jusqu'au gothique flamboyant. Dans les bâtiments monastiques du XIIe siècle, appelés la Merveille, on retrouvera comme dans les maisons du village la pierre venue des Iles de Chausey et les pans de bois, harmonieusement associés.

Département : Var (83440)
Habitants : 2 600
Gentilé : Seillanais, Seillanaise

On peut presque sentir l'air vibrer sous la chaleur et entendre le chant des cigales. Nous voici en Provence, à deux kilomètres au sud-est du village de **Seillans**, dans le Var. Et c'est toute la singularité de ces petites chapelles provençales édifiées dans la campagne qui se dévoile à nos yeux. Construite dans une plaine plantée d'oliviers, veillée par l'incontournable cyprès, Notre-Dame de l'Ormeau affiche sa simplicité sous sa toiture de tuiles canal. Construite au XIIe siècle, elle abrite un retable baroque du XVIe siècle, l'un des plus beaux de Provence. Après cette découverte, on se rendra à Seillans, pour se désaltérer sur une place à l'ombre des platanes, tout en profitant du bruit de l'eau d'une fontaine. Ce village provençal typique accroche ses maisons à flanc de colline. Dans son centre médiéval, on se promènera dans les rues pavées en pente, on découvrira les passages voûtés et les placettes, ainsi que la porte sarrasine qui doit son nom à la herse qui la protégeait. Et si vous succombez au charme de Seillans, peut-être, comme le peintre Max Ernst, viendrez-vous vous y installer.

Département : Manche (50760)
Nombre d'habitants : 579
Gentilé : Barfleurais, Barfleuraise

Il a le goût paisible du Cotentin, ce charmant village de pêcheurs aux façades de granite dont l'océan renvoie au ciel les couleurs. Balayée par les vents et rongée par la mer, l'ancienne cité viking de **Barfleur** construisit pour Guillaume son drakkar sur lequel il partit conquérir l'Angleterre. Elle fut encore au Moyen Âge le premier port de la côte normande. Il a aussi le goût des moules, ce village qui a su mettre à profit les nombreux gisements naturels situés dans l'est de la péninsule du Cotentin. Fraîches et iodées, les « blondes de Barfleur » pêchées par ses chalutiers ont fait sa renommée. On les déguste dans les petits restaurants qui efflanquent son port, si possible en terrasse pour jouir des embruns salés qui nous arrivent au gré des bourrasques. Il a enfin le goût de la flânerie, ce village, avec son marché aux poissons sur le quai, son église sans flèche un tantinet menaçante à l'ombre de laquelle on se sent si petit ; et si protégé aussi. Avec les sémaphores qui s'égrènent sur la côte et le phare de Gatteville, deuxième plus haut de France, à proximité.

Département : Alpes-de-Haute-Provence (04360)
Nombre d'habitants : 701
Gentilé : Moustiérain, Moustiéraine

Nichée au pied des falaises des gorges du Verdon dans les Alpes-de-Haute-Provence, sur un remarquable site bâti en amphithéâtre à 630 mètres d'altitude, cette cité antique a su mettre à profit ses ressources (eau, bois et argile fine) pour devenir un haut lieu de la faïence. À **Moustiers-Sainte-Marie**, remparts, église et chapelles, aqueduc et fontaines, tuiles et tuf forment une combinaison minérale des plus poétiques. On compare d'ailleurs la bourgade à une crèche, avec son étoile suspendue dans le vide. Pour l'admirer, le randonneur gravira les 262 marches de pierre jalonnées d'oratoires qui le mèneront à la chapelle Notre-Dame-de-Pitié, un charmant sanctuaire suspendu entre deux falaises abruptes à l'entrée duquel une chaîne ornée d'une étoile est accrochée. La légende raconte qu'un chevalier capturé lors d'une croisade avait fait vœu de l'y placer s'il s'en sortait. L'édifice était autrefois un sanctuaire à répit permettant de rendre temporairement la vie aux enfants mort-nés le temps de les baptiser pour leur éviter une errance éternelle dans les limbes.

Département : Pyrénées orientales (66500)
Habitants :310
Gentilé : Mossetan, Mossetane

À 55 kilomètres de Perpignan, sur la route du Col de Jau, **Mosset** domine la vallée de Castellane. Perché à 700 mètres d'altitude, le village date du XIIIe siècle et les maisons viennent alors se resserrer autour du château, dont il ne reste que quelques ruines. Toutefois, on peut encore apprécier les vestiges de ce passé en découvrant le donjon du château, les portes des anciens remparts. Le patrimoine architectural de Mosset est surtout religieux, avec notamment l'église romane Saint-Julien et Sainte-Basélice, située à une extrémité du village. Construite au XIVe siècle et remaniée au XVIIe, elle est ornée de sculptures romanes et de retables baroques. Si l'ancienne tour de guet du village se situe plus loin dans la vallée, on ne manquera pas la Tour des parfums, idéale pour une visite en famille. Rien d'un ouvrage de défense dans ce bâtiment qui rappelle l'ancienne tour médiévale, mais un musée interactif original. Il dévoile des senteurs, en explique l'origine. Et avant de peut-être partir compléter l'expérience sur un sentier forestier, on peut profiter de la belle terrasse ombragée.

Département : Cantal (15140)
Habitants : 335
Gentilé : Sagranier, Sagranière

L'activité volcanique a hier façonné les paysages d'Auvergne, pour laisser place aujourd'hui à de vastes espaces naturels à la beauté sauvage. Et s'ils sont éteints, les volcans signent l'identité de cette région jusque dans l'habitat. Comme ici à **Salers**, petit village du Cantal tout de pierre de lave construit. Avec leur couverture de lauze, les maisons dégagent une certaine austérité, adoucie par la verdure qui leur sert d'écrin. Derrière ses remparts, Salers abrite monuments et belles demeures, reflets de la prospérité de la cité à partir du XVIe siècle où elle devient le siège du bailliage des hautes montagnes d'Auvergne, sorte de tribunal royal. Autour de la place Tyssandier d'Escous, au cœur du village, se dressent les habitations des riches bourgeois et des magistrats, certaines adoptant des toitures en poivrière, tourelle maçonnée signe de richesse. Linteaux sculptés, blasons, fenêtres à meneaux ornent les façades. Si Salers et son site sont un régal pour les yeux, les papilles ne sont pas en reste : le fromage AOP de Salers est délicieux.

Département : Haute-Savoie (74400)
Habitants : 8 900
Gentilé : Chamoniard, Chamoniarde

« Plus la montagne est haute, plus la vallée est profonde », dit un proverbe alsacien. Qui s'applique aussi bien dans les Alpes. Ce sont justement les vallées qui accueillent de nombreux petits villages à l'authenticité préservée, souvent tournés vers l'élevage et l'agriculture. Comme ici autour de **Chamonix**. Loin de l'agitation de cette station réputée, fréquentée par les amateurs de ski et de randonnées et par les alpinistes du monde entier qui s'y rendent pour se lancer dans l'ascension des incontournables Mont-Blanc et Aiguille du Midi, les villages vivent au rythme de la nature. Sur les premières pentes, encore douces, fermes et chalets profitent du calme et de la sérénité des lieux. L'été y décline toutes les nuances de vert. On dirait que la nature déploie tous les charmes le plus vite et le plus intensément possible, la belle saison étant courte. Contrepoint aux prairies fleuries resplendissantes, les forêts offrent une palette verte plus foncée, reflet des différentes essences qui les composent. Un signe indiscutable que l'altitude est bien inférieure à 2000 mètres.

Département : Aveyron (12390)
Habitants : 240
Gentilé : Belcastelois, Belcasteloise

Au bord de la rivière Aveyron, à 25 kilomètres de Rodez, se dresse **Belcastel**. Le village tire son nom de la forteresse érigée sur un éperon rocheux vers 1040. Et contrairement à ce que l'on pourrait penser, Belcastel ne signifie pas « beau château », mais « château de guerre » ! Terminé et embelli au XVe siècle par le seigneur des lieux, Alzias de Saunhac, il doit son allure d'aujourd'hui à l'architecte Fernand Pouillon qui, tombé amoureux des ruines, achète le château en 1975 et en réalise la restauration. C'est ainsi que cet imposant ouvrage défensif fait la fierté des Belcastois. Ce n'est pas le seul monument important dû à Alzias de Saunhac. Il a fait construire un pont en dos d'âne, à cinq voûtes à arc brisé, pour franchir l'Aveyron et mener à l'église Sainte-Madeleine qui accueille son gisant. Autre point d'intérêt, la Maison de la Forge, rénovée, qui présente les anciens métiers du village aveyronnais. Pour une vue magnifique sur la rivière, on grimpera jusqu'au fort du Ve siècle, sur le Roc d'Anglars. Et taillés au XVIe siècle dans le rocher de Roquecante, les sièges du Seigneur attendent les visiteurs.

Département : Finistère (29180)
Nombre d'habitants : 814
Gentilé : Locronanais, Locronanaise

Des hortensias en fleur, des façades de granite bleuté, un clocher ogival du XVe siècle, le village de **Locronan**, situé à cinq petits kilomètres de l'océan, est un condensé de Cornouaille. Sa qualité architecturale n'a pas échappé aux nombreux artistes, peintres, écrivains, sculpteurs ou cinéastes qui ont célébré son charme désuet. Ainsi de Roman Polanski qui y a tourné *Tess*, ou de Philippe de Broca qui l'a choisi pour planter le décor de ses *Chouans !*. Si Locronan, enceinte sacrée pour les Celtes, est assurément une terre d'histoire, le village est aussi un fidèle parmi les fidèles des plus grandes traditions. Le village organise ainsi deux pardons annuels, ces processions bretonnes au cours desquelles, revêtus de leurs plus beaux costumes traditionnels, les habitants sortent croix et bannières des paroisses environnantes. À Locronan, la grande et la petite Troménie, ce n'est pas du folklore. Il s'y chuchote même que quiconque ne participe pas à la procession au cours de sa vie devra le faire après la mort, sans pouvoir avancer de plus de la longueur de son cercueil tous les ans.

Département : Haute-Corse (20222)
Habitants : 300
Gentilé : Brandincois, Brandincoise

Comme délicatement posé sur l'eau... Avec sa tour de guet plantée tout au bout de la langue de terre, c'est **Erbalunga**, le village côtier le plus au nord du Cap Corse. À seulement dix kilomètres de Bastia, on accède à ce quartier de la commune de Brando par une route superbe, mais vertigineuse. Et le village est à la hauteur des attentes du voyageur. Dans un cadre naturel magnifique, Erbalunga s'étire entre ciel et mer, et dévoile en toute simplicité tous ses charmes. Le premier, le plus ostensible, est sa tour génoise construite pour surveiller l'arrivée des bateaux. Le petit port tranquille a gardé toute son authenticité. On découvre de pittoresques maisons à l'architecture bien représentative de la région au fil des ruelles pavées, on débouche sur des petites places abritées du soleil par des platanes ou des palmiers, on succombe au charme de jolies voûtes. Enfin, comment ne pas se laisser tenter par les eaux limpides de la Méditerranée ? Alors, rendez-vous sur la jolie plage de galets pour finir en beauté une balade parfaite.

Département : Drôme (26160)
Habitants : 966
Gentilé : Poët-lavalien, Poët-lavalienne

Ça y est, vous êtes en Provence, vous en voyez la végétation typique, vous pouvez presque sentir le soleil vous réchauffer, entendre les cigales. Et ce n'est pas l'allure de ce village perché, à l'architecture elle aussi caractéristique des cités provençales de montagne, qui vous fera penser le contraire. Pourtant, au **Poët-Laval**, on est certes dans la Drôme provençale, mais administrativement en région... Auvergne-Rhône-Alpes. À une vingtaine de kilomètres de Montélimar, ce paisible village médiéval à l'accent du Sud inscrit ses façades en pierre dorée dans un cadre verdoyant. Impossible de deviner que son passé fut souvent tumultueux, notamment au moment des guerres de Religion. Fondé au XIIe siècle par l'ordre des Hospitaliers de Saint-Jean-de-Jérusalem, le village a conservé des témoins de cette époque florissante. Voyez le château et son imposant donjon qui domine le village, les remparts, mais aussi les vestiges de la chapelle Saint-Jean-des-Commandeurs. Au Poët-Laval, la magie des pierres n'est pas la seule à opérer. Du haut du village, ou à ses pieds, on se laisse imprégner par un paysage qui mêle douceur des champs de blé et de lavande et majesté des collines boisées.

Département : Vaucluse (84580)
Habitants : 1 270
Gentilé : Oppédois, Oppédoise

Farouche ! C'est l'impression première qui se dégage **d'Oppède le Vieux**, dont les maisons se confondent presque avec le versant rocheux. Ce village du Vaucluse, situé à l'entrée du Luberon, dans un paysage de rocs adouci par les vignes et les oliviers, ne livre pas si facilement ses trésors. Mystérieux, poétique, on y sent le passé à chaque détour de ses ruelles, les calades. Les habitants ont délaissé Oppède le Vieux au XIXe siècle pour s'installer dans la plaine, pour créer Oppède les Poulivets. La vie y était un peu moins rude que sur la pente rocheuse. Alors, le visiteur peut laisser libre cours à son imagination. Les rues sont bordées de maisons médiévales et Renaissance. Lavoirs, chapelles racontent la vie d'hier. En haut du village, on découvre l'église Notre-Dame d'Alidon, de style roman, qui dresse fièrement son clocher hexagonal. La collégiale et les ruines du château féodal dominent le village et offrent une vue imprenable sur le mont Ventoux et les monts du Vaucluse. Les plus curieux partiront à la recherche du carré magique, dit carré Sator, le plus ancien carré de lettres, en latin, qui se lit à l'endroit comme à l'envers.

Département : Lot (46500)
Nombre d'habitants : 628
Gentilé : Amadourien, Amadourienne

Il se murmure encore que le grand Roland, après sa défaite à Roncevaux quelque part dans les Pyrénées, à la frontière avec l'Espagne, aurait tenté de briser Durandal avant d'expirer. En aucun cas son épée légendaire ne devait passer aux mains des Sarrasins ! Mais le héros mourant ayant mésestimé la puissance de son arme qui avait pourtant fait sa renommée, c'est le rocher qui se brisa. Alors le chevalier pria saint Michel pour qu'il intervienne. L'enjeu était de taille et l'archange déploya ses ailes. Comme Roland lança sa fidèle compagne à travers la vallée, Durandal parcourut mystérieusement près de 500 kilomètres pour venir se ficher dans un rocher à **Rocamadour**. On l'y voit encore dans le sanctuaire, rouillée mais solidaire de la pierre, plusieurs mètres au-dessus de la porte de la chapelle Notre-Dame. Au cœur du parc naturel régional des Causses du Haut-Quercy, Rocamadour est une petite cité médiévale d'exception sur le chemin de Saint-Jacques-de-Compostelle, classée au Patrimoine mondial de l'Unesco. Cette terre d'histoire et de légende abrite une splendide cité mariale à flanc de falaise.

Département : Haut-Rhin (68340)
Nombre d'habitants : 1 109
Gentilé : Riquewihrien, Riquewihriene

On a toujours fait du bon vin à **Riquewihr**, jolie cité médiévale blottie au pied des collines vosgiennes. Un muscat et un riesling auxquels le palais de Voltaire lui-même n'était pas insensible. Alors quand le duc de Wutemberg, propriétaire du plus gros des vignes de la bourgade, connut quelques déboires, le philosophe mit aussitôt la main à la poche et se porta volontaire pour devenir propriétaire de quelques hectares du raisin dont on fait le nectar. Aujourd'hui, la perle de l'Alsace célèbre encore cet homme illustre dont la biscuiterie de *bredele* porte le nom. Derrière ses fortifications intactes, entre balcons fleuris, places et fontaines, fenêtres sculptées, demeures des XVe au XVIIIe siècle aux façades colorées et vieilles cours pavées, l'harmonie architecturale de la petite cité fleurie de Voltaire est tout bonnement remarquable. Et pour ne rien gâcher, toujours et encore, on fait à Riquewihr un sacré bon vin !

Département : Lot (46130)
Nombre d'habitants : 545
Gentilé : Loubressacois, Loubressacoise

Loubressac. Perché sur un plateau étroit du causse de Gramat, dominant la vallée de la Bave et de la Dordogne, un vieux village aux maisons de tuiles brunes contemple depuis le Moyen Âge une campagne vallonnée brodée de bocage. Devant les lointains monts d'Auvergne se découpe la silhouette altière du château des barons de Castelnau (XVe-XVIIe siècle). Si les ardoises du clocher de l'église des XIIe et XVIe siècles, le portail à tympan sculpté de sa chapelle du XIVe et les toits pentus de son manoir des XVe et XVIIIe siècles le pouvaient, ils vous raconteraient peut-être la joie qu'ils voyaient dans les yeux de Doisneau quand il les contemplait. Clairement épris du village, le photographe y passa en effet toutes ses vacances depuis les années 1950 jusqu'à sa mort, en 1994. Saisi par la lumière qu'il avait découverte en Dordogne et par l'atmosphère tranquille des lieux, il lui consacra même son premier reportage photo en 1939. Et si les pierres ocre du mur d'enceinte pouvaient parler, elles vous raconteraient le tournage de *Quelques messieurs trop tranquilles* (1972) de Lautner auquel elles ont assisté.

Département : Aveyron (12 190)
Habitants : 476
Gentilé : Estagnol, Estagnole

Passons le pont sans plus attendre ! Mais sans hâte, en profitant à chaque pas de la vue qu'il offre sur le village d'**Estaing**, au pied des Monts d'Aubrac, au nord de l'Aveyron. Faisons comme les milliers de pèlerins en route pour Saint-Jacques-de-Compostelle qui l'empruntent depuis le début du XVIe siècle pour franchir le Lot. Admirons les arches gothiques, la statue de François d'Estaing et la croix en fonte qui rappelle que le village est sur le chemin de Compostelle. Levons les yeux vers l'imposant château qui veille sur le village, faisant presque corps avec lui, et qui en partage l'austérité des façades en schiste et des couvertures en ardoise. Grimpons au sommet du donjon coiffé d'une toiture en forme de lanterne et orné de tourelles. Notre récompense ? Une vue magnifique sur le Lot et les toits du village. Rendons-nous aussi à l'église Saint-Fleuret (XVe siècle), qui abrite les reliques du saint. Sur son parvis, une croix en pierre témoigne là aussi que nous sommes bien sur la route de Saint-Jacques.

Département : Lozère (48500)
Habitants : 1080
Gentilé : Banassacois, Banassacoise

C'est en hiver que se racontaient les histoires au coin du feu. On peut aisément imaginer que derrière les épaisses façades en grès ferrugineux des maisons de **Banassac**, il en va encore de même aujourd'hui. Et quels récits peut-on bien faire dans ce village de Lozère, aux portes du Gévaudan ? Eh bien, peut-être entend-on parler de la bête qui a fait régner la terreur entre 1764 et 1767, ou plus simplement... des loups, puisque le Parc des loups du Gévaudan ne se trouve qu'à 9 kilomètres de là. Mais sûrement, on parle aussi de l'époque gallo-romaine, quand Banassac était la deuxième ville la plus importante de Lozère, grâce à son site de production de poteries. Un tour au musée archéologique le confirmera. On évoque également la prospérité du VIe siècle, quand les rois mérovingiens faisaient frapper leur monnaie à Banassac. Puis l'histoire de l'église Saint-Médard, érigée au XIIe siècle, qui a subi diverses destructions. Et comme désormais Banassac ne fait qu'une avec sa voisine Canilhac, on mentionne aussi les jolies ruines du château.

Département : Alpes-Maritimes (06570)
Nombre d'habitants : 3 451
Gentilé : Saint-Paulois, Saint-Pauloise

Sa silhouette se découpe avec grâce sur le ciel méditerranéen. Perché à 180 mètres entre collines et vallons fertiles, le joli village de **Saint-Paul-de-Vence** se fond harmonieusement dans le paysage. Saint-Paul, l'une des cités fortifiées qui gardaient la frontière du Var jusqu'en 1870, a conservé tout son caractère médiéval : pittoresques ruelles pavées rehaussées de fontaines, porches, placettes et jardins en font un village au charme fou. Quant à ses remparts, ils offrent de superbes points de vue sur le cap d'Antibes, les Alpes, le massif de l'Ésterel ou sur la Méditerranée. La beauté des lieux et leur lumière exceptionnelle ont su séduire de nombreux artistes parmi lesquels Matisse, Modigliano, Braque, Miro, Picasso, Chagall, Prévert, Giono, Clouzot, Montand ou encore Signoret. Bien avant eux déjà, le 7 janvier 1701, charmé par les lieux qu'il venait de découvrir, Vauban écrivait à Louis XIV : « Le soleil de Saint-Paul est le plus beau de toute la Provence et le pays où croissent les plus belles oranges de toutes espèces. »

Département : Alpes-Maritimes (06500)
Habitants : 1 340
Gentilé : Agnésois, Agnésoise

Peut-on rêver plus bel écrin que celui qu'offrent les montagnes majestueuses au village de **Sainte-Agnès**, dans les Alpes-Maritimes ? Ses maisons serrées les unes contre les autres s'étagent sur le flanc de la montagne, et viennent composer le plus haut village du littoral méditerranéen. Sa position géographique particulière lui permet de profiter à ses pieds de plantations d'agrumes, mimosas, oliviers. Plus haut, voilà les acacias et ensuite les pins, les châtaigniers. Du haut du village, le regard embrasse un panorama unique : les toits de Menton, la mer, l'Italie... Dans les ruelles pavées, souvent en escaliers, on découvre passages voûtés et belles façades. Sur l'une des places du village, toute rose, Notre-Dame-des-Neiges arbore un clocher aux tuiles faïencées multicolores. On grimpe au-delà du village, jusqu'à un piton rocheux, pour atteindre le fort, qui fait partie de la ligne Maginot. Une vraie cité creusée dans le roc. En redescendant, on se raconte la légende de la princesse italienne, qui, prise par un orage, a prié sainte Agnès de lui procurer un refuge. Apparaît une grotte et notre princesse est sauvée ! Une jolie histoire pour expliquer le nom du village.

Département : Ardèche (07120)
Habitants : 372
Gentilé : Balazucain, Balazucaine

Telles des colonnes géantes, les falaises de calcaire imposent d'emblée une signature unique **à Balazuc**, village ardéchois. Il s'accroche à la roche et surplombe la rivière Ardèche. À la beauté du site répond le charme du village, avec ses belles maisons aux pierres blanc-jaune ou blanc-gris extraites d'une carrière toute proche. Les ruelles tortueuses, les escaliers, les passages voûtés sont autant d'invitations à se perdre dans le village, pour déboucher sur une placette bordée de figuiers. Au passage, on découvre des fenêtres trilobées, des portes en arc brisé qui nous racontent l'histoire du village du XIe au XIIIe siècle. Tout comme les vestiges du rempart, et les portes qu'il conserve. La Tour carrée, un donjon, date de la même époque. En partie basse du village, l'église romane Sainte-Madeleine, coiffée d'un étonnant clocher-peigne du XVIIe, semble défier les pitons calcaires qu'elle domine. Ceux qui n'ont peur de rien empruntent volontiers le passage étroit de la Fachinière, sorcière jeteuse de sorts, qui aurait habité dans une grotte, et donné naissance à bien des légendes.

Département : Bas-Rhin (67140)
Nombre d'habitants : 620
Gentilé : Mittelbergheimois, Mittelbergheimoise

Sur la route des vins d'Alsace, au pied du mont Sainte-Odile, le village de **Mittelbergheim** est fort différent de ses voisins du pays de Barr. Ici, pas de colombages. Ce village Renaissance a conservé son caractère des XVIIe et XVIIIe siècles. Les pierres naturellement rosées des belles maisons vigneronnes, ouvertes sur de grandes cours, racontent une histoire singulière. Celle d'une longue tradition viticole qui remonterait à l'époque romaine, puis franque, avant de s'épanouir avec le développement des abbayes du Hohenbourg (Mont Sainte-Odile) et d'Andlau à partir du VIIe siècle. L'hôtel de ville de Mittelbergheim abrite un objet unique en son genre : le *Weinschlag*, une chronique qui contient des informations sur le vignoble et le vin (son prix, la qualité des raisins, la météo et même parfois l'actualité de la région), et ce depuis 1456 ! Qu'on ne s'y trompe pas, nous sommes dans le fief du grand cru Zotzenberg ; le seul terroir en Alsace qui a également donné ses lettres de noblesse au cépage sylvaner.

Département : Haut-Rhin (68240)
Habitants : 6 033
Gentilé : Kaysersbergeois, Kaysersbergeoise

Il est des endroits dont on ne se lasse pas. **Kaysersberg**, en Alsace, est de ceux-là. Ses maisons à pans de bois se parent de couleurs vives et d'ornements, les toitures à forte pentes s'habillent de tuiles de terre cuite plates rouge-orangé. Des teintes que la nature environnante met en valeur en toute saison, vert tendre au printemps, profond en été, jaune et rousse en automne. Et quand l'hiver vient souligner de neige le décor, on se croirait dans un livre d'images. Kaysersberg, petite ville viticole est un incontournable de la route des Vins, mais c'est aussi une destination prisée des amateurs de marchés de Noël. Et tout au long de l'année, elle accueille les amateurs de beaux sites. Le patrimoine médiéval se regroupe autour de l'église Sainte-Croix, au remarquable portail roman. Le pont fortifié, en grès rose, mérite qu'on s'y attarde. Et les maisons typiquement alsaciennes, décorées de statues ou d'enseignes anciennes, font de chaque balade un enchantement, auquel vient s'ajouter le charme de la petite rivière, la Weiss. Quant au Schlossberg, le château du XIIIe siècle, il prend de la hauteur pour surveiller la ville.

Département : Var (83310)
Habitants : 4 500
Gentilé : Grimaudois, Grimaudoise

On devine aisément que ce village qui offre ses façades au soleil se trouve dans le Sud. Dans l'arrière-pays varois, peut-être ? Pas du tout ! **Grimaud** est un village côtier du Var, sur le golfe de Saint-Tropez. Moins connu et moins « people » que Saint-Trop', Grimaud connaît un vrai succès, notamment depuis qu'il a les pieds dans l'eau grâce à la cité lacustre de Port-Grimaud. Mais le village originel fait montre d'une plus grande réserve, et se dévoile aux amoureux d'authenticité. Le château, dont il reste des tours, domine le village. Signe que les temps n'ont pas toujours été paisibles, les remparts du XIVe siècle. Depuis le château, la vue sur le golfe de Saint-Tropez est magnifique. Une promenade dans les ruelles typiquement provençales du village médiéval permet de découvrir l'église Saint-Michel, de style roman provençal, en granit et calcaire. À l'extérieur de Grimaud, le moulin à vent Saint-Roch mérite une visite, tout comme le Pont aux Fées, l'ancien aqueduc qui enjambe la rivière La Garde et apportait l'eau jusqu'à la fontaine de la Place Neuve.

Département : Tarn (81170)
Nombre d'habitants : 869
Gentilé : Cordais, Cordaise

« On voyage pendant des années sans trop savoir ce que l'on cherche, on erre dans le bruit, empêtré de désirs ou de repentirs, et l'on parvient soudain dans l'un de ces deux ou trois lieux qui attendent chacun de nous en ce monde. Le voyageur qui, de la terrasse de Cordes, regarde la nuit d'été sait ainsi qu'il n'a pas besoin d'aller plus loin et que, s'il veut, la beauté ici, jour après jour, l'enlèvera à toute solitude » (Albert Camus). Cette petite cité médiévale qui en rendit plus d'un éperdu, parmi lesquels Albert Camus, Hector Malot ou Philippe Hériat, c'est **Cordes-sur-Ciel**, une sublime bourgade fortifiée aux façades gothiques ornées de dragons, animaux et personnages mythologiques qui monte à l'assaut des nuées. Ici, oubliez escarpins et autres Stiletto ! Car Cordes se mérite et pour flotter avec elle au-dessus des cieux dans la brume rose qui envahit la vallée à l'aube, il vous faudra grimper les ruelles escarpées de cette bourgade classée Grand Site de la région Midi-Pyrénées.

Département : Alpes-de-Haute-Provence (04210)
Nombre d'habitants : 3 173
Gentilé : Valensolais, Valensolaises

Le bourg méditerranéen de **Valensole** s'accroche tel un nid d'hirondelles à son « acropole rocheuse ». Depuis le IXᵉ siècle, serré autour de l'église Saint-Blaise, un ancien prieuré de l'abbaye de Cluny, il domine le plateau de Valensole. Surnommé le « grenier de la région », longtemps entièrement planté en amandiers, le plateau est aujourd'hui essentiellement consacré à la culture de la lavande et des céréales. Depuis le village médiéval, le panorama est d'une beauté saisissante : en mars, les amandiers en fleurs rosissent sur fond de cimes enneigées des Alpes. En juillet, les camaïeux de bleus des champs de lavande alternent avec l'or des champs de blé. Le troisième dimanche de juillet, la traditionnelle fête à la lavande anime d'ailleurs tout le village, depuis la place de la grande fontaine. Imaginez au loin des collines de miel, d'olives et d'amandes, des étendues de lavande bordées par les amandiers noirs et une mer intérieure de blé dur. En novembre, l'ocre des labours tranche avec la pureté azuréenne du ciel hivernal. Pas de doute, vous êtes bien à Valensole !

Département : Seine-et-Marne (77250)
Nombre d'habitants : 4 305
Gentilé : Morétain, Morétaine

L'Île-de-France possède aussi ses villages de charme. Sur les rives du Loing, **Moret-sur-Loing** compte parmi les « 100 plus beaux détours de France ». Son pont, son église Notre-Dame, ses façades Renaissance, son donjon et ses chemins de halage ont inspiré de nombreux réalisateurs (Jean-Paul Rappeneau pour *Cyrano* ou *Les mariés de l'an II*, Florence Quentin pour *Bonne pomme*...). Mais celui qui l'a peut-être le plus mis en valeur est le peintre impressionniste Alfred Sisley qui repose aujourd'hui à l'ombre de la cité médiévale. Au cours des siècles, nombreux sont les personnages illustres à y avoir battu pavé : Blanche de Castille, qui fit don d'un orgue à l'église Saint-Louis ; Sully, qui y vécut ; Marie Leczynska, future épouse de Louis XV, qui y passa une nuit la veille de son mariage ; Napoléon qui, de retour de l'île d'Elbe, y fit halte avant de se rendre à Fontainebleau. Certains encore y séjournèrent dans des conditions moins réjouissantes, comme Fouquet qu'on y emprisonna. Malgré cette prestigieuse histoire, Moret-sur-Loing baigne paisiblement dans la clarté des rayons de l'aurore.

CALENDRIER SCOLAIRE 2023 / 2024

ZONE A

Besançon
Bordeaux
Clermont-Ferrand
Dijon, Grenoble
Limoges, Lyon
Poitiers

ZONE B

Aix-Marseille
Amiens, Lille
Nancy-Metz, Nantes
Nice, Normandie
Orléans-Tours, Reims
Rennes, Strasbourg

ZONE C

Créteil, Montpellier, Paris
Toulouse, Versailles

Académies de Corse
Guadeloupe, Martinique
Guyane, Réunion :
calendriers scolaires arrêtés
par les recteurs

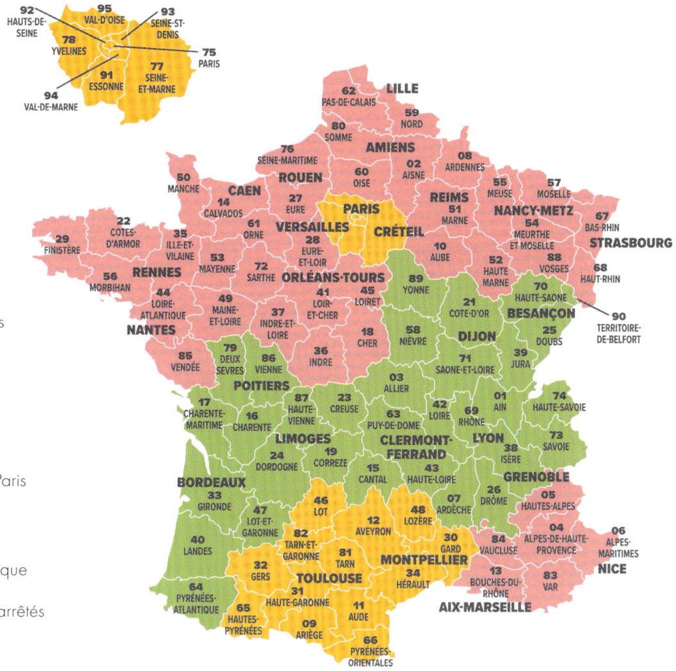

Le départ en vacances a lieu après la classe, la reprise des cours a lieu le matin des jours indiqués. Lorsque les vacances débutent un mercredi ou un samedi, pour les élèves qui n'ont pas cours ce jour-là, le départ a lieu le mardi ou le vendredi après les cours.

ZONE	A	B	C
RENTRÉE	lundi 4 septembre		
TOUSSAINT	samedi 21 octobre au lundi 6 novembre		
NOËL	samedi 23 décembre 2023 au lundi 8 janvier 2024		
HIVER	samedi 17 février au lundi 4 mars	samedi 24 février au lundi 11 mars	samedi 10 février au lundi 26 février
PRINTEMPS	samedi 13 avril au lundi 29 avril	samedi 20 avril au lundi 6 mai	samedi 6 avril au lundi 22 avril
VACANCES D'ÉTÉ	samedi 6 juillet		

Tableau valable sous réserve des modifications apportées par le ministère de l'Éducation nationale. Pour plus de précisions, consulter le site www.education.gouv.fr

NUMÉROS UTILES

LES NUMÉROS D'URGENCE

Samu (urgences médicales) : 15
Police-Secours : 17
Sapeurs-pompiers (incendies, accidents ou urgences) : 18
Numéro d'urgence pour les personnes sourdes et malentendantes : 114
Numéro d'urgence unique européen : 112

SOS Médecins : 36 24
SOS Psychiatrie : 01 47 07 24 24
Centre antipoison : 01 40 05 48 48
Urgences pédiatriques à domicile de Paris : 01 44 09 84 85
SOS hépatites : 0 800 004 372
Violences conjugales : 39 19
Préfecture de police : 34 30

LES NUMÉROS D'AIDE ET D'ÉCOUTE

Enfance et partage (abus) : 0 800 05 1234
Enfance maltraitée : 119
Fil santé jeunes : 0 800 235 236
Suicide écoute : 01 45 39 40 00
SOS viols : 0 800 05 95 95
SOS racisme : 01 40 35 36 55
Samu social : 115
SOS amitié : 09 72 39 40 50
Maltraitance des personnes âgées et des personnes handicapées : 39 77
Alcool Info Service : 0 980 980 930
Alcooliques anonymes : 09 69 39 40 20
Écoute Cannabis : 0 980 980 940
Tabac Info Service : 39 89
Écoute sexualité contraception : 0800 0811 11
Info IVG : 0800 0811 11
Cancer info : 0805 123 124
SIDA Info Service : 0 800 840 800 (appel gratuit)

DROIT

SOS Avocats : 0 825 39 33 00
Le Défenseur des droits : 09 69 39 00 00
Permanence juridique pour sourds et malentendants : 01 71 37 76 57
Ligne Santé info droits (Ciss) : 0 810 004 333 / 01 53 62 40 30
Allô prévention expulsion : 0810 001 505 (Fondation Abbé-Pierre)

DÉPANNAGE

Centre d'appels dépannage Électricité (centre unique quel que soit votre distributeur) : 09 72 67 50 + 2 chiffres de votre département
Urgence gaz (si fuite ou odeur) : 0 800 47 33 33

ANIMAUX

Animaux perdus : 0 800 300 400
Fondation Assistance aux Animaux : 01 39 49 18 18

TÉLÉPHONIE

Secret d'appel (fixe Orange- SFR) : 3651 + numéro
Secret d'appel (fixe Bouygues) : 1651 + numéro
Secret d'appel (mobile) : #31# + numéro

RENSEIGNEMENTS SERVICES

SNCF : 36 35
RATP : 34 24
Objets trouvés RATP (payant) : 32 46
Météo-France : 32 50
Opposition carte bancaire interbancaire : 0 892 705 705
Aéroports de Paris : 39 50
Allô service public : 39 39

LES JOURS FÉRIÉS EN 2024

LUNDI 1ER JANVIER : Jour de l'an
LUNDI 1ER AVRIL : Lundi de Pâques
MERCREDI 1ER MAI : Fête du travail
MERCREDI 8 MAI : Victoire 1945
JEUDI 9 MAI : Ascension
LUNDI 20 MAI : Lundi de Pentecôte

DIMANCHE 14 JUILLET : Fête nationale
JEUDI 15 AOÛT : Assomption
VENDREDI 1ER NOVEMBRE : Toussaint
LUNDI 11 NOVEMBRE : Armistice 1918
MERCREDI 25 DÉCEMBRE : Noël

LES SAISONS EN 2024

Calendrier 2024 des saisons en France métropolitaine

DÉBUT DU PRINTEMPS : mercredi 20 mars
DÉBUT DE L'ÉTÉ : jeudi 20 juin

DÉBUT DE L'AUTOMNE : dimanche 22 septembre
DÉBUT DE L'HIVER : samedi 21 décembre

LES SAINTS PATRONS

JANVIER
3 : gendarme / tapissier : sainte Geneviève
10 : armurier : saint Guillaume
15 : charbonnier / fossoyeur : saint Maur
15 : juge : saint Rémi
17 : charcutier : saint Antoine
20 : archer : saint Sébastien
22 : vigneron : saint Vincent
24 : écrivain / journaliste : saint François de Sales
31 : éditeur : saint Jean Bosco

FÉVRIER
3 : meunier : saint Blaise
4 : photographe / lingère : sainte Véronique
6 : jardinier : sainte Dorothée
9 : dentiste : sainte Apolline
14 : amoureux : saint Valentin

MARS
17 : ingénieur : saint Patrick
23 : commerçant : saint Victorien

AVRIL
7 : professeur / éducateur : saint Jean-Baptiste de La Salle
23 : fermier / scout : saint Georges
25 : vitrier : saint Marc
27 : domestique : sainte Zita

MAI
6 : imprimeur : saint Jean
16 : boulanger : saint Honoré
19 : avocat / assureur : saint Yves
22 : causes désespérées : sainte Rita

JUIN
2 : servante : sainte Blandine
8 : cultivateur : saint Médard
13 : perte d'objet : saint Antoine de Padoue
23 : prisonnier : saint Jean de Matha
29 : maçon / marin pêcheur / serrurier : saint Pierre

JUILLET
11 : agriculteur / architecte : saint Benoît
14 : infirmier / malade : saint Camille de Lellis
17 : mendiant : saint Alexis
22 : prostituée : sainte Marie-Madeleine
24 : sage-femme : sainte Ségolène
26 : menuisier / ébéniste : sainte Anne
29 : cafetier / cuisinier / hôtelier : sainte Marthe

AOÛT
16 : quincailler : saint Roch
20 : alpiniste : saint Bernard
21 : cheminot / voyageur /automobiliste : saint Christophe
25 : coiffeur / couturier : saint Louis
30 : jardinier / maraîcher / taxi : saint Fiacre

SEPTEMBRE
18 : aviateur / charpentier : saint Joseph
21 : banquier / comptable / parfumeur : saint Matthieu
26 : chirurgien / pharmacien : saint Côme
29 : pâtissier / parachutiste : saint Michel
29 : postier / diplomate : saint Gabriel
30 : étudiant / libraire / archéologue : saint Jérôme

OCTOBRE
4 : animaux : saint François d'Assise
18 : artiste / médecin / peintre / sculpteur : saint Luc
25 : cordonnier : saint Crépin

NOVEMBRE
3 : chasseur : saint Hubert
11 : policier : saint Martin
22 : musicien / poète : sainte Cécile
23 : motard : saint Colomban
25 : jeune fille à marier : sainte Catherine
30 : pêcheur : saint André

DÉCEMBRE
1 : bijoutier / orfèvre / plombier / vétérinaire : saint Éloi
4 : sapeur-pompier / mineur / ramoneur : sainte Barbe
6 : boucher / célibataire / écolier : saint Nicolas
7 : apiculteur : saint Ambroise
13 : électricien / aveugle : sainte Lucie de Syracuse

L'ANNÉE JOURNÉE APRÈS JOURNÉE

À chaque jour, ou presque, sa journée internationale ou mondiale. Entre sujets sérieux et engagés, quelques journées insolites, dont voici une sélection :

JANVIER

21 : Journée internationale des câlins
24 : Journée internationale de l'éducation
27 : Journée de la mémoire des génocides et de la prévention des crimes contre l'humanité

FÉVRIER

4 : Journée mondiale contre le cancer
13 : Journée mondiale de la radio
20 : Journée mondiale de la justice sociale

MARS

8 : Journée internationale du droit des femmes
20 : Journée mondiale du bonheur
22 : Journée mondiale de l'eau

AVRIL

7 : Journée mondiale de la santé
22 : Journée mondiale de la Terre
23 : Journée mondiale du livre et du droit d'auteur

MAI

4 : Journée internationale des pompiers
11 : Journée mondiale des espèces menacées
17 : Journée internationale contre l'homophobie

JUIN

5 : Journée mondiale de l'environnement
14 : Journée mondiale du don du sang
27 : Journée mondiale contre l'abandon des animaux de compagnie

JUILLET

3 : Journée mondiale sans sacs plastique
6 : Journée internationale du baiser
18 : Journée internationale Nelson Mandela

AOÛT

8 : Journée internationale du chat
13 : Journée internationale des gauchers
26 : Journée mondiale du chien

SEPTEMBRE

8 : Journée internationale de l'alphabétisation
11 : Journée mondiale de lutte contre le terrorisme
21 : Journée internationale de la paix

OCTOBRE

1er : Journée internationale des personnes âgées
13 : Journée internationale de la prévention des catastrophes naturelles
17 : Journée mondiale contre la douleur

NOVEMBRE

3 : Journée mondiale de la gentillesse
11 : Journée internationale des célibataires
20 : Journée internationale des droits de l'enfant

DÉCEMBRE

5 : Journée mondiale de l'égalité des chances
8 : Journée mondiale du climat
10 : Journée mondiale des droits de l'Homme

C'ÉTAIT IL Y A 10 ANS

Une décennie est passée. L'occasion de regarder en arrière et de se rappeler, de manière purement subjective, douze événements qui ont rythmé l'année 2014.

1er JANVIER
Présidence de l'Union européenne par la Grèce.

4 FÉVRIER
Le réseau social à rayonnement international Facebook fête son 10e anniversaire.

8 MARS
Le vol 370 de la Malaysia Airlines est porté disparu. Aucune des 239 personnes à bord ne sera retrouvée.

5 AVRIL
La première femme maire de Paris est élue. L'honneur revient à Anne Hidalgo, qui sera réélue en 2020.

10 MAI
C'est au Danemark que se déroule la 59e édition du concours de l'Eurovision, remportée par Conchita Wurst (Autriche).

2 JUIN
Juan Carlos, roi d'Espagne, abdique pour laisser le trône à son fils Felipe.

13 JUILLET
Au stade Maracanã de Rio de Janeiro se joue la finale de la 20e Coupe du monde de football, et c'est l'Allemagne qui l'emporte sur l'Argentine(1-0).

14-15 AOÛT
Une commémoration est organisée en l'honneur du 70e anniversaire du débarquement de Provence.

5 SEPTEMBRE
Les fonctions du président de la Polynésie française, Gaston Flosse, lui sont retirées après qu'il a été accusé de corruption.

20 OCTOBRE
C'est en présence du président de la République François Hollande que la fondation Louis Vuitton inaugure son « vaisseau de verre », une œuvre architecturale des plus prestigieuses située au cœur du Bois de Boulogne.

9 NOVEMBRE
Vingt-cinq ans après la chute du mur de Berlin, l'Allemagne considère sa réunification comme une victoire face à la mondialisation.

14 DÉCEMBRE
À Londres se tient la 64e édition du concours Miss Monde. C'est la Sud-Africaine Rolene Strauss qui remporte le concours.

C'ÉTAIT IL Y A 100 ANS

Un siècle nous sépare. L'occasion de jeter un œil dans le rétroviseur et de revenir, de manière purement subjective, sur douze événements-clés qui ont fait cette année 1924, en France et dans le monde entier.

21 JANVIER
Décès de Lénine, révolutionnaire communiste à la tête de l'URSS.

21 FÉVRIER
C'est à cette date qu'a lieu le premier vol postal en Alaska.

25 MARS
En Grèce, les militaires proclament la République, faisant du pays une zone sujette aux coups d'État et au chaos.

1ER AVRIL
Plusieurs compagnies aériennes britanniques fusionnent pour permettre à l'Imperial Airways de voir le jour.

22 MAI
Naissance du célèbre chanteur, compositeur et interprète français Charles Aznavour (décédé en 2018).

13 JUIN
Joseph Sadi-Lecointe, pilote français, remporte la coupe Beaumont en battant le record du monde de vitesse sur 500 km.

1ER JUILLET
L'US Post Office inaugure le premier service postal transcontinental.

23 AOÛT
Naissance de Robert Solow, un économiste américain qui remportera le Prix Nobel d'économie en 1989 pour sa théorie sur la croissance économique qui a donné lieu à ce qu'on appelle aujourd'hui « le modèle Solow ».

1ER SEPTEMBRE
Les troupes françaises et belges se retirent de la Ruhr (région de l'ouest de l'Allemagne) suite à la mise en vigueur du plan Dawes selon lequel le paiement des réparations par l'Allemagne est rééchelonné sur cinq ans.

12 OCTOBRE
Décès d'Anatole France, écrivain français qui aura droit à des obsèques nationales le 18 novembre.

23 NOVEMBRE
Les cendres de Jean Jaurès sont transférées au Panthéon de Paris.

2 DÉCEMBRE
L'avion américain de la Naval Aircraft Factory conçu par l'aviation navale vole pour la toute première fois.

LES FRUITS ET LÉGUMES DE SAISON

JANVIER

Légumes
potimarron, poireau, betterave, pomme de terre, potiron, chou, céleri rave, carotte.
Salades et herbes
chicorée, mâche, oignon, laitue, endive.
Fruits
pamplemousse, kiwi, orange, pomme, poire, noisette.

FÉVRIER

Légumes
panais, topinambour, carotte, salsifis, crosne, chou, céleri, citrouille.
Salades et herbes
endive, mâche, oignon, laitue.
Fruits
grenade, citron, clémentine, banane, datte, kiwi, noix, pamplemousse.

MARS

Légumes
chou, carotte, navet, panais, poireau, betterave, céleri, salsifis.
Salades et herbes
ciboulette, estragon, endive, feuille de chêne, laitue, mâche.
Fruits
clémentine, mandarine, citron, kiwi, orange, pamplemousse.

AVRIL

Légumes
radis, asperge, ail nouveau, fenouil, persil, chou, poireau, bette.
Salades et herbes
menthe, romarin, pissenlit, laitue, épinard, oignon.
Fruits
rhubarbe, citron, noix, orange.

MAI

Légumes
artichaut, fève, navet, bette, asperge.
Salades et herbes
oseille, persil, oignon, roquette, épinard, frisée, menthe, cresson.
Fruits
fruits exotiques (mangue, fruit de la passion, papaye...), rhubarbe, fraise.

JUIN

Légumes
pois, haricot vert, aubergine, artichaut, poivron, tomate, asperge, courgette.
Salades et herbes
coriandre, ail, aneth, basilic, cerfeuil, ciboulette, estragon, laurier, oseille, persil.
Fruits
cerise, fraise, rhubarbe, framboise.

JUILLET

Légumes
courgette, aubergine, petit pois, concombre, maïs, girolle, tomate.
Salades et herbes
batavia, basilic, cerfeuil, ciboulette, estragon, laurier, menthe, oseille, persil, thym, laitue.
Fruits
pêche, melon, pastèque, abricot, figue, fraise, framboise, groseille.

AOÛT

Légumes
tomate, concombre, aubergine, courgette, maïs, girolle, tomate, poivron.
Salades et herbes
aneth, basilic, cerfeuil, ciboulette, estragon, laitue, menthe, oseille, persil, thym.
Fruits
mirabelle, abricot, mûre, myrtille, prune, fraise, framboise, groseille, melon.

SEPTEMBRE

Légumes
champignon, chou-fleur, poivron, aubergine, tomate, coco de Paimpol.
Salades et herbes
épinard, cresson, cerfeuil, ciboulette, estragon, laurier, oseille, persil, romarin, thym.
Fruits
raisin, prune, grenade, coing, châtaigne, figue, noisette, noix fraîche.

OCTOBRE

Légumes
courge, brocoli, carotte, chou, panais.
Salades et herbes
épinard, scarole, cresson, ciboulette, oseille, laitue.
Fruits
poire, noisette, coing, châtaigne, pomme, kaki.

NOVEMBRE

Légumes
chou, panais, carotte, céleri, salsifis, courge.
Salades et herbes
mâche, ciboulette, endive, cresson.
Fruits
kaki, pomme, grenade, poire.

DÉCEMBRE

Légumes
pomme de terre, carotte, betterave, brocoli, chou, courge, topinambour.
Salades et herbes
cresson, endive, mâche, laurier, chicorée.
Fruits
clémentine, kiwi, citron, orange, pamplemousse.

BESOIN D'INSPIRATION ?

Retrouvez dans les pages suivantes des idées de recettes avec les fruits et légumes de saison pour une cuisine responsable.

12 MOIS, 12 RECETTES DE CUISINE

JANVIER

Galette des rois

Pour six personnes

- 2 pâtes feuilletées circulaires
- 2 œufs + 1 pour dorer la galette
- 100 g de beurre mou
- 125 g de sucre
- 150 g de poudre d'amande
- 1 c. à c. d'arôme d'amande amère

Préchauffez le four à 180 °C (th. 6) pendant la préparation. Dans un saladier, mélangez le sucre, la poudre d'amande et le beurre mou. Versez la cuillerée à café d'arôme d'amande amère, puis mélangez et ajoutez les 2 œufs. Mélangez le tout jusqu'à obtenir une crème onctueuse. Disposez la pâte feuilletée, puis étalez le mélange dessus (sans oublier d'insérer une fève) en laissant un espace d'environ deux centimètres sur les bords. Humidifiez avec un peu d'eau les bords de la pâte, au pinceau, puis recouvrez-la avec la deuxième pâte feuilletée. Appuyez légèrement sur les bords pour les sceller ensemble. Dessinez sur le dessus à l'aide d'une lame de couteau et dorez la pâte avec le jaune du troisième œuf. Mettez la galette au four et laissez-la cuire pendant 30 min à 180 °C (th. 6).

FÉVRIER

Roulé aux épinards et au surimi

Pour six personnes

Génoise :

- 6 œufs
- 6 c. à s. de lait
- 3 c. à s. d'huile
- 6 c. à s. de farine
- 500 g d'épinards hachés
- 1 sachet de levure chimique

Garniture :

- 200 g de fromage à tartiner nature
- 200 g de surimi râpé

Préchauffez le four à 180 °C (th. 6). Séparez les blancs et les jaunes d'œufs, puis battez les blancs en neige jusqu'à obtenir un nuage ferme. Incorporez les jaunes en continuant de battre les blancs, puis ajoutez l'huile, le lait et les épinards préalablement essorés. Sans éteindre le batteur, réduisez sa puissance et ajoutez au mélange la farine et la levure chimique. Étalez le mélange d'un centimètre d'épaisseur sur une feuille de papier cuisson dans un plat, puis enfournez à 180 °C (th.6) pendant 10 min. Pendant ce temps, mélangez le fromage à tartiner et le surimi. Sortez la génoise du four et enroulez-la dans un torchon humide, puis laissez-la refroidir. Une fois fait, déroulez-la pour y étaler la garniture, puis enroulez-la à nouveau.

MARS

Muffins aux poireaux et au fromage de brebis

Pour quatre personnes

- 4 poireaux
- 200 g de fromage frais de brebis
- 2 œufs entiers
- 150 g de farine
- 20 cl de lait entier
- 10 cl d'huile d'olive
- ½ sachet de levure chimique
- sel
- poivre de Sichuan

Préchauffez le four à 180 °C (th. 6). Nettoyez les poireaux et détaillez-les en petits tronçons.
Faites-les cuire pendant 20 min à la vapeur, puis réservez-les pour qu'ils refroidissent. Dans un saladier, battez au fouet le lait, les œufs et l'huile d'olive. Incorporez la farine et la levure chimique en continuant de fouetter jusqu'à obtenir une pâte lisse et homogène. Coupez le fromage de brebis en petits dés, puis ajoutez-les à la pâte à muffins. Terminez votre pâte en mélangeant les morceaux de poireaux. Salez et poivrez. Versez la préparation dans des moules à muffins en les remplissant aux ¾. Enfournez vos muffins pendant 25 min à 180 °C (th. 6).

AVRIL

Cake à la banane et aux pépites de chocolat

Pour quatre personnes

- 3 bananes
- 100 g de pépites de chocolat
- 120 g de beurre
- 120 g de sucre roux
- 200 g de farine
- 3 œufs
- ½ sachet de levure chimique

Préchauffez le four à 180°C (th. 6).
Coupez les bananes, puis écrasez-les à la fourchette.
Dans un saladier, battez les œufs et le sucre jusqu'à obtenir une mixture mousseuse, puis incorporez la farine, le beurre fondu et la levure.
Ajoutez ensuite l'écrasé de banane.
Une fois le mélange homogène, versez les pépites de chocolat.
Disposez une feuille de papier cuisson dans un moule ou beurrez le plat avant de verser la pâte.
Mettez le plat au four pour 40 min et laissez le cake tiédir avant de le déguster.

MAI

Chou-fleur indien

Pour quatre personnes

- 1 chou-fleur
- 1 c. à s. de sucre
- ½ c. à s. de sel
- ½ c. à s. de poivre
- épices à volonté : curry, curcuma, cumin, gingembre, paprika…
- huile d'olive

Préchauffez le four à 200°C (th. 6/7).
Lavez le chou-fleur, coupez-le en 2, puis récupérez les sommités sans les troncs.
Si elles sont grosses, coupez-les en 2 ou en lamelles.
Dans un saladier, déposez les morceaux de chou-fleur, ajoutez le sel, le sucre, le poivre et quelques pincées des autres épices, mélangez soigneusement.
Huilez un plat à gratin et déposez le chou-fleur dedans. Enfournez pour 35 min environ, il faut que les légumes soient tendres quand on y plante un couteau.

JUIN

Smoothie aux framboises

Pour deux personnes

- 200 g de framboises
- ½ pot de yaourt
- 2 c. à s. de lait
- 1 c. à s. de sucre
- 2 glaçons

Versez le yaourt, le lait, le sucre et les glaçons dans un mixeur, puis mixez jusqu'à obtenir un mélange homogène.
Incorporez ensuite les framboises petit à petit en continuant de mixer.
Versez la boisson dans une tasse et ajoutez-y, selon votre envie, quelques feuilles de menthe et des fruits rouges pour décorer le tout.

JUILLET

Moules au curry

Pour quatre personnes

- 2 l de moules
- 1 verre de vin blanc
- 10 cl de crème fraîche
- 50 g de beurre
- 1 échalote
- 1 c. à s. de curry en poudre
- persil

Faites fondre le beurre dans une cocotte et faites-y rissoler l'échalote hachée finement.
Ajoutez le vin et faites cuire 2 min.
Triez, nettoyez et rincez les moules. Jetez-les dans la casserole, couvrez et laissez cuire 5 min après le début de l'ébullition.
Remuez et laissez à nouveau cuire 3 min.
Égouttez les moules, filtrez le jus, puis mélangez-le avec la crème fraîche et le curry.
Laissez réduire de moitié.
Versez les moules dans la cocotte et servez aussitôt.

AOÛT

Mousse au citron

Pour quatre personnes

- 3 œufs
- 200 g de sucre
- 1 c. à s. de Maïzena
- 1 verre d'eau
- 2 citrons non traités

Séparez les blancs des jaunes d'œufs.
Mélangez les jaunes et le sucre jusqu'à l'obtention d'un mélange mousseux.
Ajoutez la Maïzena et l'eau. Mélangez.
Ajoutez le jus des 2 citrons et le zeste râpé d'un seul.
Cuisez la préparation sur feu doux en tournant sans arrêt.
Quand elle prend une consistance semblable à la crème fraîche, arrêtez la cuisson et laissez refroidir.
Ajoutez les blancs battus en neige et servez très frais.

SEPTEMBRE

Pommes au four au miel

Pour quatre personnes

- 4 pommes acidulées
- 40 g de beurre
- 2 c. à s. de miel
- 4 c. à s. d'amandes effilées

Préchauffez le four à 180°C (th. 6).
Lavez et évidez les pommes.
Déposez-les dans un plat beurré allant au four.
Au cœur de chaque pomme, mettez ½ c. à s. de miel et 1 noisette de beurre.
Parsemez d'amandes effilées.
Enfournez 20 min.
Sortez le plat du four quelques minutes avant de servir.

OCTOBRE

Poulet au gingembre et à la vanille

Pour quatre personnes

- 4 cuisses de poulet
- 5 cm de gingembre frais
- 1 oignon
- 2 tomates
- 3 gousses d'ail
- sel, poivre
- thym
- huile de tournesol
- 1 gousse de vanille

Faites dorer les morceaux de poulet dans un peu d'huile.
Émincez le gingembre et l'oignon en fines lamelles.
Débitez la tomate en petits cubes et pressez l'ail.
Quand le poulet est bien doré, ajoutez l'oignon et mélangez pendant 2 min.
Ajoutez les tomates et laissez réduire à feu doux pendant 5 min.
Incorporez l'ail, le gingembre, le thym, le sel, le poivre et le piment.
Couvrez et laissez mijoter à feu doux pendant une demi-heure.
Ajoutez les grains de vanille en les extrayant de la gousse fendue en deux et continuez la cuisson pendant 20 min à couvert.
Servez avec du riz parfumé et des lentilles.

NOVEMBRE

Fondant au chocolat

Pour quatre personnes

- 100 g de chocolat noir corsé à cuire + 6 carrés
- 50 g de beurre + une noix
- 3 œufs
- 80 g de sucre
- 1 c. à s. + 1 c. à c. de farine

Préchauffez le four à 240 °C (th. 8).
Faites fondre les 100 g de chocolat au bain-marie. Ajoutez le beurre et remuez bien pour que le mélange soit homogène.
Dans un saladier, mélangez les œufs entiers et le sucre. Ajoutez petit à petit la farine, puis le chocolat et mélangez bien.
Beurrez et farinez des ramequins qui vont au four.
Versez ⅓ de la préparation dans le fond des ramequins, déposez 1 carré de chocolat, puis recouvrez-le avec le reste de la préparation.
Enfournez les ramequins environ 10 min.
Dégustez-les tièdes.

DÉCEMBRE

Biscuits au pain d'épice

Pour cinquante biscuits

- 700 g de farine
- 250 g de miel
- 150 g de beurre
- 170 g de sucre
- 4 c. à c. de mélange 4 épices
- 4 c. à s. de cacao maigre
- 3 jaunes d'œufs
- 10 cl de lait
- 1 sachet de levure chimique
- 1 pincée de sel

Glaçage :

- 250 g de sucre glace
- Les blancs d'œufs
- Colorant alimentaire

Faire fondre le beurre, le miel et le sucre jusqu'à ce que le mélange soit homogène.
Versez dans un saladier la farine, les 4 épices, le cacao, la levure et le sel, puis mélangez.
Incorporez le sucre, beurre et miel fondu.
Laissez refroidir avant d'ajouter les jaunes d'œufs et le lait, puis pétrissez l'ensemble.
Mettez le saladier au frais quelques heures.
Une fois solide, étalez la pâte et créez les formes que vous souhaitez avec des emporte-pièces.
Déposez-les sur une feuille de papier cuisson, puis enfournez à 180 °C (th. 6) pendant environ 12 min. Pendant ce temps, mélangez le sucre glace et les blancs d'œufs de sorte à obtenir un mélange crémeux.
Ensuite, mélangez, décorez vos biscuits et laissez le glaçage sécher.

LE SYSTÈME SOLAIRE

Le système solaire compte huit planètes (Mercure, Vénus, la Terre, Mars, Jupiter, Saturne, Uranus et Neptune), des planètes naines (Pluton, Éris, Makémaké, Hauméa et Cérès), ainsi que des astéroïdes, des météorites et des comètes.

MERCURE

Mercure est la première planète du système solaire, la plus proche du Soleil. La température y varie entre -173 °C et + 427 °C.

VÉNUS

Vénus est la deuxième planète du système solaire et c'est l'astre le plus brillant dans le ciel après le Soleil et la Lune. Son atmosphère est composée à 95% de dioxyde de carbone. Question taille, elle possède presque les mêmes dimensions que la Terre.

LA TERRE

La Terre est la troisième planète du système solaire. Elle tourne autour du Soleil en 365,25 jours et sur elle-même en 1 jour. La Terre est âgée de 4,6 milliards d'années. Son atmosphère est composée à 75% d'azote, 21% d'oxygène (ainsi que de traces d'argon, de dioxyde de carbone et d'eau).

MARS

Mars est la quatrième planète du système solaire. Elle effectue sa révolution autour du Soleil en 686 jours. Elle doit son nom au dieu romain de la Guerre. La pression au sol y est mille fois plus faible que sur la Terre.

JUPITER

Jupiter est la plus grosse planète du système solaire. C'est une planète géante gazeuse, elle ne possède pas de surface solide. Son rayon équatorial est 11 fois supérieur à celui de la Terre.

SATURNE

Saturne est la sixième planète du système solaire. Elle est reconnaissable aux anneaux qui l'entourent et compte 62 satellites.

URANUS

Uranus est la septième planète du système solaire. Elle est essentiellement composée de rocs et de glaces. Sa température est de – 216 °C. Il lui faut plus de 84 années pour faire sa révolution autour du Soleil.

NEPTUNE

Neptune se situe à plus de 4 milliards de kilomètres de la Terre. Son atmosphère est composée essentiellement d'hydrogène et d'hélium. Sa couleur bleue est le résultat de l'absorption de la lumière par le méthane de son atmosphère.

LE SOLEIL

Le Soleil représente une immense source de lumière, d'énergie et de chaleur. On estime sa température à 6000 °C en surface, et à 15 millions °C dans le noyau. Le Soleil se situe à 150 millions de kilomètres de la Terre.

LE CALENDRIER LUNAIRE EN 2024

JANVIER
4 : dernier quartier ◐
11 : nouvelle lune ○
18 : premier quartier ◑
25 : pleine lune ●

FÉVRIER
3 : dernier quartier ◐
10 : nouvelle lune ○
16 : premier quartier ◑
24 : pleine lune ●

MARS
3 : dernier quartier ◐
10 : nouvelle lune ○
17 : premier quartier ◑
25 : pleine lune ●

AVRIL
2 : dernier quartier ◐
8 : nouvelle lune ○
15 : premier quartier ◑
24 : pleine lune ●

MAI
1er : dernier quartier ◐
8 : nouvelle lune ○
15 : premier quartier ◑
23 : pleine lune ●
30 : dernier quartier ◐

JUIN
6 : nouvelle lune ○
14 : premier quartier ◑
22 : pleine lune ●
28 : dernier quartier ◐

JUILLET
6 : nouvelle lune ○
14 : premier quartier ◑
21 : pleine lune ●
28 : dernier quartier ◐

AOÛT
4 : nouvelle lune ○
12 : premier quartier ◑
19 : pleine lune ●
26 : dernier quartier ◐

SEPTEMBRE
3 : nouvelle lune ○
11 : premier quartier ◑
18 : pleine lune ●
24 : dernier quartier ◐

OCTOBRE
2 : nouvelle lune ○
10 : premier quartier ◑
17 : pleine lune ● (éclipse lunaire)
24 : dernier quartier ◐

NOVEMBRE
1er : nouvelle lune ○
9 : premier quartier ◑
15 : pleine lune ●
23 : dernier quartier ◐

DÉCEMBRE
1er : nouvelle lune ○
8 : premier quartier ◑
15 : pleine lune ●
22 : dernier quartier ◐
30 : nouvelle lune ○

LES 12 SIGNES DU ZODIAQUE

L'année zodiacale commence à l'équinoxe du printemps et les signes du zodiaque sont attribués en fonction du jour de naissance.

BÉLIER
Du 21 mars au 20 avril
Élément : le feu
Points forts : action, enthousiasme, énergie
Points faibles : impatience, autoritarisme

TAUREAU
Du 21 avril au 20 mai
Élément : la terre
Points forts : honnêteté, stabilité, fidélité
Points faibles : avidité, jalousie

GÉMEAUX
Du 21 mai au 21 juin
Élément : l'air
Points forts : spiritualité, sociabilité, curiosité
Points faibles : insouciance, superficialité

CANCER
Du 22 juin au 22 juillet
Élément : l'eau
Points forts : sensibilité, ténacité, créativité
Points faibles : narcissisme, possessivité

LION
Du 23 juillet au 22 août
Élément : le feu
Points forts : courage, fidélité, générosité
Points faibles : arrogance, intransigeance

VIERGE
Du 23 août au 22 septembre
Élément : la terre
Points forts : modestie, ingéniosité, ordre
Points faibles : égoïsme, critique

BALANCE
Du 23 septembre au 22 octobre
Élément : l'air
Points forts : équilibre, harmonie, justice
Points faibles : superficialité, hésitation

SCORPION
Du 23 octobre au 22 novembre
Élément : l'eau
Points forts : passion, loyauté, protection
Points faibles : excessivité, domination

SAGITTAIRE
Du 23 novembre au 21 décembre
Élément : le feu
Points forts : instinct, loyauté, sensibilité
Points faibles : excessivité, jalousie

CAPRICORNE
Du 22 décembre au 20 janvier
Élément : la terre
Points forts : patience, sagesse, endurance
Points faibles : mutisme, pessimisme

VERSEAU
Du 21 janvier au 19 février
Élément : l'air
Points forts : altruisme, tolérance, intelligence
Points faibles : opportunisme, individualisme

POISSONS
Du 20 février au 20 mars
Élément : l'eau
Points forts : compassion, intuitivité, dévouement
Points faibles : indécision, fuite

ASTROLOGIE CHINOISE

2024 EST L'ANNÉE DU DRAGON DE BOIS (TRADITIONNELLEMENT, L'AN 4722)

Elle commence le 10 février 2024 avec le Nouvel An chinois et prendra fin le soir du 28 janvier 2025.
Cette année laissera place ensuite au signe chinois du Serpent de Bois. L'occasion de réviser les bases :

SOUS LE SIGNE DU DRAGON

Le zodiaque chinois se réfère à un cycle calendaire pur, sans les constellations équivalentes du modèle occidental. Le Dragon occupe la cinquième position dans le zodiaque chinois, un cycle de douze années placées sous le signe de douze animaux symboliques. Ces derniers sont, dans l'ordre : le Rat, le Buffle (ou Bœuf), le Tigre, le Lapin (ou Lièvre ou Chat), le Dragon, le Serpent, le Cheval, le Bouc (ou Chèvre ou Mouton), le Singe, le Coq, le Chien et le Cochon (ou Sanglier).

LES CINQ ÉLÉMENTS

Chaque année zodiacale n'est pas uniquement associée à un animal. Elle correspond également à un élément cosmogonique qui la gouverne : le Métal, le Bois, l'Eau, le Feu et la Terre.

LE YIN ET LE YANG

Tous les signes du zodiaque chinois sont associés au Yin ou au Yang. Le Buffle (ou Bœuf), le Lapin (ou Lièvre ou Chat), le Serpent, le Bouc (ou Chèvre ou Mouton), le Coq et le Cochon (ou Sanglier) sont placés sous l'énergie du Yin qui symbolise la féminité et la nuit. Sous l'énergie du Yang, symbolisant la masculinité et le jour, on retrouve le Rat, le Tigre, le Dragon, le Cheval, le Singe et le Chien.

UN SIÈCLE DE DRAGON

En définitive, c'est votre année chinoise de naissance qui détermine votre signe chinois et votre élément chinois. Revenons sur un siècle d'années placées sous le signe du Dragon :

1940 •	8 février 1940 – 26 février 1941	Dragon d'Or
1952 •	27 janvier 1952 – 13 février 1953	Dragon d'Eau
1964 •	14 février 1964 – 1er février 1965	Dragon de Bois
1976 •	31 janvier 1976 – 17 février 1977	Dragon de Feu
1988 •	17 février 1988 – 5 février 1989	Dragon de Terre
2000 •	5 février 2000 – 23 janvier 2001	Dragon d'Or
2012 •	23 janvier 2012 – 9 février 2013	Dragon d'Eau
2024 •	10 février 2024 – 28 janvier 2025	Dragon de Bois

KUNG HEI FAT CHOI

(Des vœux de prospérité et d'harmonie)

12 MOIS, 12 PIERRES, CRISTAUX ET MINÉRAUX

Depuis la nuit des temps, on attribue aux pierres des pouvoirs magiques. Pierres, cristaux et minéraux vous offrent tous leurs bienfaits pour retrouver équilibre et harmonie pendant l'année.

JANVIER

Le grenat

Couleur : rouge – bordeaux
Émotion : Je suis
Chakra : 1er chakra – Racine
Symboles : énergie vitale, fidélité, vérité
Santé : stimule la libido.
Le grenat porte chance aux jeunes mariés.

FÉVRIER

L'améthyste

Couleur : violet
Émotion : Je sais
Chakra : 7e chakra – Coronal
Symboles : sérénité, intuition, harmonie
Santé : améliore la qualité du sommeil.
L'améthyste calme les angoisses, améliore la concentration.

MARS

L'aigue-marine

Couleur : bleu
Émotion : Je parle
Chakra : 5e chakra – Gorge
Symboles : expression, volonté, cohérence
Santé : soulage les maux de gorge, les douleurs dentaires.
L'aigue-marine favorise la communication avec autrui.

AVRIL

L'apophyllite

Couleur : blanc
Émotion : Je sais
Chakra : 7e chakra – Coronal
Symboles : clarté, méditation, purification
Santé : aide pour les problèmes de vue.
L'apophyllite affine les perceptions subtiles, libère les émotions refoulées.

MAI

L'aventurine

Couleur : vert
Émotion : J'aime
Chakra : 4e chakra – Cœur
Symboles : créativité, motivation, confiance
Santé : apaise les tensions musculaires.
L'aventurine guérit les blessures du passé.

JUIN

La pierre de lune

Couleur : blanc
Émotion : Je ressens
Chakra : 2e chakra – Sacré
Symboles : Féminité, équilibre, intuition
Santé : soulage le syndrome prémenstruel.
La pierre de lune protège les futures mamans et leurs enfants.

JUILLET

Le jaspe rouge

Couleur : rouge
Émotion : Je suis
Chakra : 1er chakra – Racine
Symboles : dynamisme, persévérance, motivation
Santé : soulage la fatigue chronique.
Le jaspe rouge éveille la sensualité.

AOÛT

La calcite miel

Couleur : jaune
Émotion : Je fais
Chakra : 3e chakra – Plexus
Symboles : affirmation, estime de soi, optimisme
Santé : aide en cas de digestion difficile.
La calcite miel développe la créativité.

SEPTEMBRE

La sodalite

Couleur : bleu marine
Émotion : Je vois
Chakra : 6e chakra – 3e œil
Symboles : concentration, bienveillance, clarté
Santé : efficace contre l'hypertension.
La sodalite met de la clarté dans les pensées.

OCTOBRE

La tourmaline noire

Couleur : noire
Émotion : Je suis
Chakra : 1er chakra – Racine
Symboles : protection, ancrage, régénération
Santé : soutient la détox.
La tourmaline bannit la peur, la colère et le rejet, efface les schémas destructeurs.

NOVEMBRE

La citrine

Couleur : jaune
Émotion : Je fais
Chakra : 3e chakra – Plexus
Symboles : abondance, apaisement, confiance
Santé : diminue le stress, apaise les troubles digestifs.
La citrine est la pierre idéale pour les grands stressés, les enfants et les habitués des maux de ventre.

DÉCEMBRE

Le quartz rose

Couleur : rose
Émotion : J'aime
Chakra : 4e chakra – Cœur
Symboles : amour, tendresse, bienveillance
Santé : régule les problèmes de peau.
Le quartz rose favorise un bon relationnel avec l'être aimé.

12 MOIS, 12 DICTONS

JANVIER

Sécheresse de janvier,
richesse de fermier.

FÉVRIER

En février, si au soleil ton chat
tend sa peau, en mars,
il l'exposera au fourneau.

MARS

Quand mars se déguise
en été, avril prend ses habits
fourrés.

AVRIL

En avril, ne te découvre
pas d'un fil.

MAI

Brouillard de mai,
chaleur de juin amènent
la moisson à point.

JUIN

Beau mois de juin
change l'herbe
en beau foin.

JUILLET

Ciel de juillet rouge
au matin veut un pluvieux
voisin.

AOÛT

Jamais d'août
la sécheresse
n'amena la richesse.

SEPTEMBRE

Septembre nous produit
le plus délectable
des fruits.

OCTOBRE

Octobre en bruine,
hiver en ruine.

NOVEMBRE

Brouillard en novembre,
l'hiver sera tendre.

DÉCEMBRE

Les jours entre Noël
et les Rois indiquent le temps
des douze mois.

12 MOIS, 12 CITATIONS ZEN

JANVIER
« Le bien-être est acceptable, la joie est noble, le plaisir est suspect. » **Henri Laborit**

FÉVRIER
« Ce qui est juste peut bien être dit, même deux fois. » **Empédocle**

MARS
« Le bonheur n'est pas le fruit de la paix ; le bonheur, c'est la paix même. » **Alain**

AVRIL
« Pas trop d'isolement ; pas trop de relations ; le juste milieu, voilà la sagesse. » **Confucius**

MAI
« J'accepte la grande aventure d'être moi. » **Simone de Beauvoir**

JUIN
« La méditation n'est pas une évasion mais une rencontre sereine avec la réalité. » **Thich Nhat Hanh**

JUILLET
« La gratitude d'aujourd'hui achète le bonheur de demain. » **Michael McMillian**

AOÛT
« La vie n'est pas d'attendre que les orages passent, c'est d'apprendre comment danser sous la pluie. » **Sénèque**

SEPTEMBRE
« Aimer, ce n'est pas se regarder l'un l'autre, c'est regarder ensemble dans la même direction. » **Antoine de Saint-Exupéry**

OCTOBRE
« Il n'y a qu'une façon d'atteindre le bonheur : il faut cesser de se tourmenter au sujet des choses sur lesquelles notre volonté n'a aucune influence. » **Épictète**

NOVEMBRE
« Le rire est une bouée de sauvetage. » **Michel Serrault**

DÉCEMBRE
« L'Homme a cru qu'il importait d'avoir, ignorant qu'il importe d'être. » **Oscar Wilde**

12 MOIS, 12 CITATIONS D'HUMOUR

JANVIER

« Je n'ai pas parlé à ma belle-mère depuis dix-huit mois. Je n'aime pas l'interrompre. » **Ken Dodd**

FÉVRIER

« Un bon mari ne se souvient jamais de l'âge de sa femme mais de son anniversaire, toujours. » **Jacques Audiberti**

MARS

« Si le gouvernement créait un impôt sur la connerie, il serait tout de suite autosuffisant. » **Jean Yanne**

AVRIL

« Le confort ménager corrompt ; un homme droit est un homme qui n'a pas d'évier. » **Marc Escayrol**

MAI

« Un sens interdit, en somme ce n'est qu'un sens autorisé, mais pris à l'envers. » **Pierre Desproges**

JUIN

« Je fume à mort... Cinq paquets par jour, j'essaie six, mais je m'endors avant... » **Dany Boon**

JUILLET

« Premier ministre, c'est un peu comme un maillot de bain. Ça soutient pas grand-chose, mais ça cache quand même l'essentiel. » **Coluche**

AOÛT

« J'ai le plus profond respect pour le mépris que j'ai des hommes. » **Pierre Desproges**

SEPTEMBRE

« Moi, je suis une chanteuse spéciale alcoolos ! Je ne chante que des chanteurs qui picolent, c'est-à-dire... ben presque tous en fait. » **Christelle Chollet**

OCTOBRE

« J'ai absolument rien contre les personnes âgées. Moi aussi, un jour, j'aurai 35 ans. » **Kev Adams**

NOVEMBRE

« Si être maman c'est le rôle d'une vie, l'accouchement c'est quoi ? Une cérémonie de remise de prix ? » **Nadia Roz**

DÉCEMBRE

« Nous, les femmes, on est graves avec le shopping, on est très graves avec le shopping. Sérieusement, j'ai vu des femmes hésiter entre s'acheter une paire de Versace ou payer la cantine de leurs enfants. » **Shirley Souagnon**

12 MOIS, 12 CITATIONS D'AMOUR

JANVIER

« Je ne sais où va mon chemin mais je marche mieux quand ma main serre la tienne. » **Alfred de Musset**

FÉVRIER

« Il n'y a qu'un bonheur dans la vie, c'est d'aimer et d'être aimé. » **George Sand**

MARS

« Si j'avais su que je l'aimais autant, je l'aurais aimée encore davantage. » **Frédéric Dard**

AVRIL

« Mais si tu m'apprivoises, nous aurons besoin l'un de l'autre. Tu seras pour moi unique au monde. Je serai pour toi unique au monde. » ***Le Petit Prince*, Antoine de Saint-Exupéry**

MAI

« Seul l'amour peut garder quelqu'un vivant. »
Oscar Wilde

JUIN

« Ce que l'amour peut faire, l'amour ose le tenter. »
William Shakespeare

JUILLET

« L'amour est un meilleur professeur que le devoir. »
Albert Einstein

AOÛT

« La vertu de l'amour, c'est de rajeunir le cœur. »
Kheira Chakor

SEPTEMBRE

« Le baiser est la plus sûre façon de se taire en disant tout. » **Guy de Maupassant**

OCTOBRE

« J'écris des chansons d'amour pour ceux qui font l'amour mais dont le cœur est encore vierge. »
Gringe

NOVEMBRE

« Il n'y a rien de plus précieux en ce monde que le sentiment d'exister pour quelqu'un. »
Victor Hugo

DÉCEMBRE

« C'est à partir de toi que j'ai dit oui au monde. »
Paul Éluard

TESTEZ VOTRE CULTURE GÉNÉRALE

1. Combien y a-t-il eu de présidents de la Vᵉ République jusqu'à aujourd'hui ?

2. En quelle année la France a-t-elle remporté la Coupe du monde de football pour la première fois ?

3. Quel est l'animal totem du Canada ?

4. Qui est le réalisateur du film *Titanic* ?

5. Combien existe-t-il de races de chevaux ?

6. Avec quelle artiste Grand Corps Malade interprète-t-il sa chanson « Derrière le brouillard » ?

7. Comment appelle-t-on un livre composé uniquement d'échanges de lettres ?

8. Avec quel télé-crochet la chanteuse Jenifer a-t-elle lancé sa carrière ?

9. En quelle année le droit de vote a-t-il été accordé aux femmes en France ?

10. Quelle est la propriété de la pierre philosophale dans la saga *Harry Potter* ?

11. À quel grand groupe appartiennent les marques Louis Vuitton et Christian Dior ?

12. Combien y a-t-il de jours dans une année bissextile ?

13. En quelle année a été diffusé le premier épisode de la série *Les Feux de l'amour* ?

14. Quelle est la taille du papillon Hercule ?

15. Qui est le personnage principal du roman *Les Misérables* de Victor Hugo ?

16. Au profit de quelle association se regroupent les artistes des Enfoirés ?

17. Quel alcool a fait son apparition en Russie au XVᵉ siècle ?

18. En quelle année a été créée la plateforme Netflix ?

19. À quel peintre doit-on *Coucher de soleil à Venise* ?

20. Dans quel téléfilm a joué le chanteur Kendji Girac ?

21. Quel rôle a interprété Paul Walker dans *Fast and Furious* ?

22. Dans quelle ville se situe le plus grand port de France ?

23. Combien de pays dans le monde sont répertoriés par l'ONU ?

24. Dans le dessin animé *Garfield & Cie*, comment s'appelle le chien ?

25. Quel est le symbole d'Athéna dans la mythologie grecque ?

26. Dans la légende médiévale du roi Arthur, quel est le nom de son épée ?

27. Combien d'os y a-t-il dans un corps humain adulte ?

28. Quel est le nom de la femelle du sanglier ?

29. Quel artiste a remporté le plus de NRJ Music Awards ?

30. Quel est le nom du groupe de musique de Thomas Bangalter et Guy-Manuel de Homem-Christo ?

31. Dans quelle ville ont été sacrés les rois de France ?

32. Quel est le fromage le plus apprécié au monde ?

1. Huit. **2.** 1998. **3.** Le castor. **4.** James Cameron. **5.** 397. **6.** Louane. **7.** Un roman épistolaire. **8.** Star Academy. **9.** 1944. **10.** Rendre immortel. **11.** LVMH. **12.** 366. **13.** 1973. **14.** 26 cm. **15.** Jean Valjean. **16.** Les Restos du Cœur. **17.** La vodka. **18.** 1997. **19.** Claude Monet (1840-1926). **20.** *Champion*. **21.** Brian O'Conner. **22.** Marseille. **23.** 197. **24.** Odie. **25.** La chouette. **26.** Excalibur. **27.** 206. **28.** La laie. **29.** Matt Pokora. **30.** Daft Punk. **31.** Reims. **32.** Le gouda.

12 MOIS, 12 IDÉES DE WEEK-ENDS EN FRANCE

Pourquoi partir au bout du monde une fois par an quand vous pouvez vous offrir un dépaysement garanti quelque part près de chez vous, en France, à la dernière minute et chaque mois ?

JANVIER

Et si on partait à... Rennes ? La « capitale de la Bretagne », située en Haute-Bretagne, est le chef-lieu du département de l'Ille-et-Vilaine. Rennes est une commune tout en équilibre, à la fois grande ville étudiante, mais aussi cité au patrimoine séculaire.

Une expérience : parcourir le marché de la place des Lices le samedi matin. Vieux de plus de quatre siècles, ce marché regroupe au moins 300 producteurs et artisans. Une parfaite occasion de profiter des produits locaux.

FÉVRIER

Et si on partait... à Caen ? La « Ville aux cent clochers », préfecture du Calvados, a mille ans d'histoire : un patrimoine riche et varié au cœur de la Normandie. Châteaux, églises, abbayes, villas, hôtels particuliers...

Une expérience : situé en plein cœur de la ville, le Jardin des Plantes doit son originalité à Gallard de la Ducquerie, professeur de la faculté de médecine de Caen, qui en 1689 achète un jardin et le remplit de plantes rares. Aujourd'hui espace de jeux et de détente, il permet de découvrir plus de 2000 espèces différentes.

MARS

Et si on partait... à Corte ? Cette commune de Haute-Corse, à l'intérieur des terres, se trouve à 450 m d'altitude, au pied d'un piton rocheux. C'est un point de départ idéal pour les randonnées.

Une expérience : découvrir le magnifique lac de Nino d'origine glaciaire, deuxième plus grand de l'île de Beauté avec une superficie de 6,5 ha. Situé à 1743 m d'altitude, il est entouré de pozzines, sortes de petits lacs tourbeux.

AVRIL

Et si on partait... à Cassis ? Prononcée « Cassi », la ville est entre terre et mer avec ses immenses falaises en bord de Méditerranée. À 30 km de Marseille, elle est connue pour ses vins et ses calanques.

Une expérience : visiter un domaine viticole et déguster les vins de Cassis, protégés par une appellation d'origine contrôlée. Le Clos Sainte-Magdeleine propose une visite du domaine en bord de mer qui s'achève par une dégustation de vins.

MAI

Et si on partait à... Paimpol ? Située dans le département des Côtes-d'Armor en région Bretagne, Paimpol est l'endroit parfait pour les amateurs de pêche ! En effet, il s'agit de l'un des principaux ports de pêche et de plaisance donnant sur la Manche. Vous trouverez cette ville sur la route menant à Saint-Brieuc.

Une expérience : faire de la pêche à pied, à la bonne marée, et dans le respect des règles établies. Jusqu'en septembre, on traque les bigorneaux, bulots, clams, couteaux, coques, macres, huîtres...

JUIN

Et si on partait... à Biarritz ? Cette élégante cité balnéaire de la côte basque est une destination populaire depuis que les têtes couronnées de toute l'Europe l'ont choisie comme lieu de villégiature dès le début du XIXe siècle.

Une expérience : s'initier aux joies de la glisse et prendre un cours de surf à la Côte des Basques, un spot mythique et parfaitement adapté pour les débutants.

JUILLET

Et si on partait… à Annecy ? Chef-lieu et préfecture de la Haute-Savoie, la « Perle des Alpes » s'encastre dans la cluse formée par un ancien cours de l'Isère : une situation géographique exceptionnelle.

Une expérience : le lac d'Annecy est un fabuleux terrain de jeu pour les amoureux de sports nautiques : voile, *stand-up paddle*, ski nautique, *wake board*, plongée, canoë… il y en a pour tous les goûts… jetez-vous à l'eau !

AOÛT

Et si on partait… à Carcassonne ? En haut d'une colline dans le Languedoc, Carcassonne est célèbre pour sa citadelle médiévale, La Cité, avec ses nombreuses tours de guet et sa double enceinte.

Une expérience : visiter cette fameuse cité médiévale, symbole et attraction touristique principale de la ville. Inscrite au patrimoine mondial de l'UNESCO, elle connaît une renommée internationale.

SEPTEMBRE

Et si on partait… à Guérande ? Au cœur de la Loire-Atlantique et des Pays de la Loire, les marais salants de la région forment un ensemble de bassins de faible profondeur appelés « carreaux », et dans lesquels est récolté le fameux sel, obtenu par l'évaporation de l'eau de mer sous l'action combinée du soleil et du vent.

Une expérience : au départ de la pointe de Pen-Bron ou du Croisic, embarquez pour une balade d'une heure dans le Traict du Croisic avec le bateau *Le Galipétant.*

OCTOBRE

Et si on partait… à Sète ? Comme le dit le slogan de la ville, Sète est une « cité maritime de caractère ». Ville natale de Paul Valéry et de Georges Brassens, elle est la « Venise du Languedoc » avec son centre-ville traversé par les canaux.

Une expérience : admirer l'étang de Thau, grand de 7500 ha, relié à la Méditerranée par le canal du Midi. Il se définit comme une lagune le long de ces 12 km de plage et abrite une biodiversité incomparable.

NOVEMBRE

Et si on partait… à Étretat ? Située en Normandie dans le département de la Seine-Maritime, la ville est une station balnéaire au bord de la Manche. Elle doit notamment sa notoriété à l'auteur Guy de Maupassant qui avait pris l'habitude d'y inviter ses amis et d'organiser des fêtes dans sa villa, « La Guillette ».

Une expérience : parcourir les jardins d'Étretat sur la Côte d'Albâtre offre une vue classée au patrimoine mondial de l'UNESCO. Ces jardins néo-futuristes ont remporté plusieurs distinctions comme le label « Jardin remarquable ».

DÉCEMBRE

Et si on partait… à Strasbourg ? L'occasion de visiter la Petite France, l'ancien quartier des meuniers, des tanneurs et des pêcheurs. Ses maisons à colombage, ses petites ruelles et ses quais lui confèrent une atmosphère romantique et intimiste.

Une expérience : visiter le *Christkindelsmärik*, le célèbre marché de Noël, et déambuler, un vin chaud à la main, à travers les allées et les chalets.

RÉGIONS, DÉPARTEMENTS ET CHEFS-LIEUX FRANÇAIS

Auvergne-Rhône-Alpes, Bourgogne-Franche-Comté, Bretagne, Centre-Val de Loire, Corse, Grand Est, Hauts-de-France, Île-de-France, Normandie, Nouvelle-Aquitaine, Occitanie, Pays de la Loire, Provence-Alpes-Côte d'Azur.

01 : Ain, Bourg-en-Bresse
02 : Aisne, Laon
03 : Allier, Moulins
04 : Alpes-de-Haute-Provence, Digne-les-Bains
05 : Hautes-Alpes, Gap
06 : Alpes-Maritimes, Nice
07 : Ardèche, Privas
08 : Ardennes, Charleville-Mézières
09 : Ariège, Foix
10 : Aube, Troyes
11 : Aude, Carcassonne
12 : Aveyron, Rodez
13 : Bouches-du-Rhône, Marseille
14 : Calvados, Caen
15 : Cantal, Aurillac
16 : Charente, Angoulême
17 : Charente-Maritime, La Rochelle
18 : Cher, Bourges
19 : Corrèze, Tulle
2A : Corse-du-Sud, Ajaccio
2B : Haute-Corse, Bastia
21 : Côte-d'Or, Dijon
22 : Côtes-d'Armor, Saint-Brieuc
23 : Creuse, Guéret
24 : Dordogne, Périgueux
25 : Doubs, Besançon
26 : Drôme, Valence
27 : Eure, Évreux
28 : Eure-et-Loir, Chartres
29 : Finistère, Quimper
30 : Gard, Nîmes
31 : Haute-Garonne, Toulouse
32 : Gers, Auch
33 : Gironde, Bordeaux
34 : Hérault, Montpellier
35 : Ille-et-Vilaine, Rennes
36 : Indre, Châteauroux
37 : Indre-et-Loire, Tours
38 : Isère, Grenoble
39 : Jura, Lons-le-Saunier
40 : Landes, Mont-de-Marsan
41 : Loir-et-Cher, Blois
42 : Loire, Saint-Étienne
43 : Haute-Loire, Le Puy-en-Velay
44 : Loire-Atlantique, Nantes
45 : Loiret, Orléans

46 : Lot, Cahors
47 : Lot-et-Garonne, Agen
48 : Lozère, Mende
49 : Maine-et-Loire, Angers
50 : Manche, Saint-Lô
51 : Marne, Châlons-en-Champagne
52 : Haute-Marne, Chaumont
53 : Mayenne, Laval
54 : Meurthe-et-Moselle, Nancy
55 : Meuse, Bar-le-Duc
56 : Morbihan, Vannes
57 : Moselle, Metz
58 : Nièvre, Nevers
59 : Nord, Lille
60 : Oise, Beauvais
61 : Orne, Alençon
62 : Pas-de-Calais, Arras
63 : Puy-de-Dôme, Clermont-Ferrand
64 : Pyrénées-Atlantiques, Pau
65 : Hautes-Pyrénées, Tarbes
66 : Pyrénées-Orientales, Perpignan
67 : Bas-Rhin, Strasbourg
68 : Haut-Rhin, Colmar
69 : Rhône, Lyon
70 : Haute-Saône, Vesoul
71 : Saône-et-Loire, Mâcon
72 : Sarthe, Le Mans
73 : Savoie, Chambéry
74 : Haute-Savoie, Annecy
75 : Paris, Paris
76 : Seine-Maritime, Rouen
77 : Seine-et-Marne, Melun
78 : Yvelines, Versailles
79 : Deux-Sèvres, Niort
80 : Somme, Amiens
81 : Tarn, Albi
82 : Tarn-et-Garonne, Montauban
83 : Var, Toulon
84 : Vaucluse, Avignon
85 : Vendée, La Roche-sur-Yon
86 : Vienne, Poitiers
87 : Haute-Vienne, Limoges
88 : Vosges, Épinal
89 : Yonne, Auxerre
90 : Territoire de Belfort, Belfort
91 : Essonne, Évry-Courcouronnes
92 : Hauts-de-Seine, Nanterre
93 : Seine-Saint-Denis, Bobigny
94 : Val-de-Marne, Créteil
95 : Val-d'Oise, Pontoise
971 : Guadeloupe, Basse-Terre
972 : Martinique, Fort-de-France
973 : Guyane, Cayenne
974 : La Réunion, Saint-Denis
976 : Mayotte, Dzaoudzi

COPYRIGHTS

Toutes les photographies de cet agenda, signées par les photographes suivants, proviennent de l'agence :

© Gettyimages

COUVERTURE :
© Stephane Godin/ Photodisc/ GettyImages
SEMAINES :
1 : © William Campbell/ The Image Bank/ GettyImages
2 : © Phil Haber Photography/ Moment Open/ GettyImages
3 : © Encrier /iStock/ GettyImages Plus
4 : © Daniel Schoenen/ Image Broker/ GettyImages Plus
5 : © Michele Westmorland/ Corbis Documentary
6 : © Gérard Guittot/ Photononstop/ GettyImages Plus
7 : © Jean-Paul Azam/ Stockbyte
8 : © Denis Prezat/ Moment Open
9 : © Sylvain Sonnet/ The Image Bank Unreleased
10 : © John Harper/ Moment
11 : © Photo by Alex Tihonov/ Moment Open
12 : © Flavio Vallenari/ iStock/ GettyImages Plus
13 : © Flavio Vallenari/ iStock Unreleased
14 : © Romrodinka/ iStock/ GettyImages Plus
15 : © Trabantos/ iStock/ GettyImages Plus
16 : © Alexandre Tziripouloff / Col. iStock / Getty Images
17 : © Karp5/ iStock/ GettyImages Plus
18 : © Marc Dozier/ The Image Bank
19 : © Marc Dozier/ The Image Bank
20 : © Marius Roman/ Moment
21 : © Phil Haber Photography/ Moment Open
22 : © Stocknshares/ iStock/ GettyImages Plus
23 : © Xantana/ iStock/ GettyImages Plus
24 : © Tuul & Bruno Morandi/ DigitalVision
25 : © Stephane Godin/ Photodisc/ GettyImages
26 : © Martial Colomb/ Photodisc
27 : © Xantana/ iStock/ GettyImages Plus
28 : © Jef Wodniack/ iStock/ GettyImages Plus
29 : © Daniele Schneider/ Photononstop
30 : © Tuul & Bruno Morandi/ DigitalVision
31 : © Angel Villalba/ Moment Open
32 : © Satilda/ iStock
33 : © Luc Olivier/ Photononstop
34 : © Wirestock : iStock/ Getty Images Plus
35 : © Samuel Howell/ iStock/ GettyImages Plus
36 : © Peter Seyfferth/ image Broker/ GettyImages
37 : © Marius Roman/ Moment
38 : © Daniel Schoenen/ image Broker
39 : © Gabrielle Therin-Weise/ Photographer's Choice RF
40 : © apgestoso/ iStock/ GettyImages Plus
41 : © Freeartist/ iStock/ GettyImages Plus
42 : © Esperanza33/ iStock/ GettyImages Plus
43 : © Freeartist/ © iStock/ GettyImages Plus
44 : © Paulo Amorim/ Moment
45 : © Daniele Schneider/ Photononstop
46 : © Martial Colomb/ Stockbyte
47 : © Frederic Prochasson/ iStock/ GettyImages Plus
48 : © Alexander Sorokopud
49 : © Xantana/ iStock/ GettyImages Plus
50 : © Ylvain Sonnet/ The Image Bank
51 : © John Elk/ The Image Bank
52 : © Chris Hellier/ Corbis Documentary
53 : © Evan Lang/ Moment/ GettyImages

Ouvrage dirigé par Isabelle Solal

34-36 rue La Pérouse
www.hugopublishing.fr

ISBN : 9782755667943
Dépôt légal : septembre 2023
Imprimé en Chine